Übungshefte ASSiMiL

Spanisch

Anfänger

AF865546

Juan Córdoba

Deutschsprachige Fassung: Daniel Krasa

Über dieses Übungsheft

Um mit diesem Heft zu arbeiten, sind weder Spanischvorkenntnisse noch die Hilfe eines Wörterbuchs oder anderer Lernmaterialien erforderlich. Es beginnt auf Anfängerniveau und ermöglicht es, sich die Grundlagen des Spanischen anhand von über 180 spielerisch und abwechslungsreich gestalteter Übungen anzueignen: Aussprache, Rechtschreibung, Satzbau, Verbkonjugationen u. v. m.

Dabei wird die Grammatik anhand alltäglicher Kommunikationssituationen präsentiert: sich vorstellen, über Gedanken, Wünsche und Vorlieben sprechen, Ortsangaben machen, Vergleiche ausdrücken, Ratschläge geben, über vergangene und zukünftige Ereignisse sprechen ... alles basierend auf einer progressiven Entdeckung des Wortschatzes: In Vokabelkästen finden Sie über 400 geläufige Wörter, mit deren Hilfe Sie in den unterschiedlichsten Gesprächssituationen eine Vielzahl gebräuchlicher Sätze verstehen und bilden können.

Dieses Heft ist auch eine Lernhilfe für die Konjugation der Verben – eine der großen Schwierigkeiten des Spanischen. Im Verlauf der Kapitel werden Sie nach und nach mit den Verbformen vertraut gemacht, und Konjugationstabellen am Ende des Hefts bieten Ihnen eine systematische Übersicht.

Nach jeder Übung können Sie Ihre Leistungen selbst bewerten, indem Sie den passenden Smiley auswählen: [🙂], wenn über die Hälfte Ihrer Antworten richtig war, [😐], wenn etwa die Hälfte richtig war oder [☹], wenn weniger als die Hälfte richtig war. Tragen Sie nach jedem Kapitel für jeden Smiley-Typ die jeweils erzielte Anzahl ein. Übertragen Sie die Gesamtzahlen pro Smiley-Typ in die Punktetabelle auf der letzten Buchseite, und zählen Sie Ihre Endergebnisse nach Abschluss aller Kapitel zusammen.

Hinweis: Die in diesem Übungsheft verwendete phonetische Transkription entspricht der des ASSIMIL-Kurses "Spanisch ohne Mühe heute".

Inhalt

1
Aussprache

Vokale

- Die Vokale **a**, **i** und **u** spricht man wie im Deutschen aus.
- **e** und **o** werden immer geschlossen ausgesprochen wie in *gehen* und *Oper*.
- Bei den Vokalkombinationen **ei**, **ie** und **eu** wird jeder Vokal für sich gesprochen: [e-i], [i-e] und [e-u].
- **y** entspricht sowohl unserem **i** wie in *Insel* als auch dem Halbkonsonanten **j**, wenn es in Kombination mit einem Vokal auftritt, wie in *Joghurt*. Es klingt nie wie [ü].

Einzel- und Doppellaute	Spanischer Vorname	Vereinfachte Lautschrift
e	Pedro	[pedro]
u	Luisa	[lu-issa]
au	Laura	[la-ura]
ai	Ainoha	[a-inoa]
eu	Eusebio	[e-ussebio]
ei	Leire	[le-ire]
oi	Moisés	[mo-issess]
an	Antonio	[antonio]
en	Enrique	[enrike]
in	Inmaculada	[inmakulada]
un	Asunta	[assunta]
oy	Eloy	[elo-i]

1 **Schreiben Sie mithilfe der Lautschrift die Namen dieser spanischen Städte.**

a. [tenerife] ....

b. [toledo] ....

c. [lugo] ....

d. [burgoss] ....

e. [teruel] ....

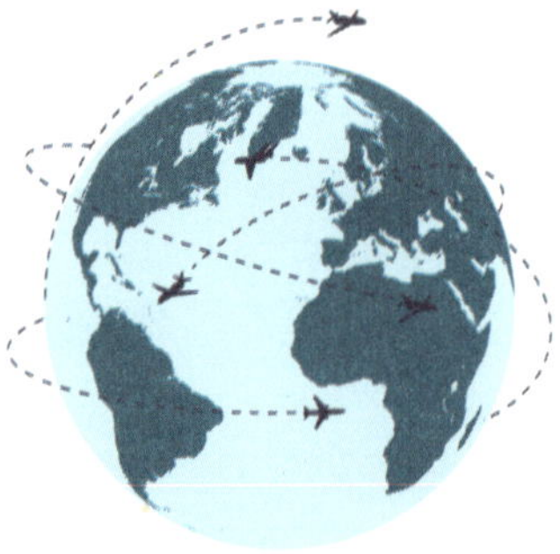

2 Ergänzen Sie die Lautschrift für diese Namen von Flüssen, Städten, Ländern und Kontinenten:

a. Australia *Australien* [..............tralia]

b. Loira *Loire* [l..............ra]

c. Europa *Europa* [..............ropa]

d. Reino Unido *Vereinigtes Königreich* [r..............no ....nido]

e. Buenos Aires *Buenos Aires* [b..............noss ....ress]

Konsonanten (1)

Im Spanischen werden alle Buchstaben ausgesprochen, bis auf das stets stumme **h**. Hier finden Sie eine kleine Liste der Laute, deren Aussprache sich von der deutschen Aussprache unterscheidet.

Einzel- und Doppellaute	Aussprachebeschreibung	Beispielwort	Transkription
b/v	immer wie weiches **b**: [b]	Bilbao Valencia	[bilbao] [balençia]
c	vor **e/i** wie gelispeltes *s*: [ç] vor **a/o/u** wie **k**: [k]	Ignacio **Carolina**	[ignaçio] [karolina]
ch	wie deutsches **tsch**: [tsch]	macho	[matscho]
ll	entspricht dem deutschen **j**: [j]	Mallorca	[majorka]
ñ (la eñe)	[nj] wie in *Tanja*	España	[esspanja]
r (am Wortanfang)/ rr	stark gerolltes **r**: [rr]	Rafael zorro	[rrafael] [zorro]
r (im Wortinneren)	leicht gerolltes **r**: [r]	Canarias	[kanariass]

3 Leicht gerolltes oder stark gerolltes r? Wählen Sie die richtige Option.

	a. Rusia, *Russland*	**b.** pero, *aber*	**c.** perro, *Hund*	**d.** Carlos, *Karl*	**e.** rosa, *Rose*	**f.** caro, *lieb*	**g.** carro, *Wagen*
[r]							
[rr]							

4 Wie spricht man die grün markierten Buchstaben aus? Wählen Sie "Wie im Deutschen" oder geben Sie die richtige Lautschrift an.

	Wie im Deutschen	Lautschrift
a. magnífico		....
b. Sevilla		....
c. Barcelona		....
d. Valladolid		....
e. sexo		....
f. chocolate		....
g. FRANCIA		....

Konsonanten (2)

Wir wollen noch auf zwei weitere Konsonantenlaute des Spanischen eingehen:

- das **Jota**, das dem deutschen **ch** nach **a**, **o** oder **u** entspricht (z. B. in Kachel, Loch, Kuchen)
- das **Zeta**, das dem "gelispelten" **th** des Englischen gleicht. Hierzu sprechen Sie ein f und legen dann die Zungenspitze an die Rückseite der Schneidezähne.

In den Gruppen **gue** und **gui** ist das **u** stumm: Miguel [migel].

Einzel- und Doppellaute	Aussprachebeschreibung	Transkription
ja, jo, ju, je/ge, ji/gi	Jota	[cha], [cho], [chu], [che], [chi]
sa, se, si, so, su	stimmloses ("scharfes") s	[ssa], [sse], [ssi], [sso], [ssu]
za, zo, zu, ce, ci	Zeta	[ça], [ço], [çu], [çe], [çi]
ga, go, gu gue, gui	wie in *Garten*, *Gorilla*, *Gummi*, ...	[ga], [go], [gu] [ge], [gi]

5 Markieren Sie die korrekte Transkription.

a. guitarra, *Gitarre*	gitarra	chitarra	guitarra
b. gitano, *Zigeuner*	chitano	gitano	guitano
c. rojo, *rot*	chorro	rrocho	rrogo
d. agua, *Wasser*	achua	aga	agua
e. jirafa, *Giraffe*	chirafa	guirafa	girafa
f. ángel, *Engel*	anguel	anchel	angel

6 Ergänzen Sie die Lautschrift für diese Städte- und Ländernamen.

a. Zaragoza

....

b. Cáceres

....

c. Murcia

....

d. Ecuador

....

e. Brasil

....

f. Venezuela

....

Betonung

Die richtige Betonung ist im Spanischen unentbehrlich, da nur durch sie häufig die korrekte Bedeutung eines Wortes kenntlich gemacht wird. Vergleichen Sie z. B. **esta** *diese* und **está** *(er/sie) ist*, **pregunto** *(ich) frage und* **preguntó** *(er/sie) hat gefragt* oder komplexe Formen wie **público** *Allgemeinheit, Öffentlichkeit*, **publico** *(ich) veröffentliche und* **publicó** *(er/sie) hat veröffentlicht*, bzw. **término** *Ausdruck, Begriff, Frist*, **termino** *(ich) beende* und **terminó** *(er/sie) hat beendet.*

Rechtschreibregeln

Auch Englisch und Italienisch sind Akzentsprachen, aber Spanisch hat einen Vorteil: Man kann anhand der Orthografie erkennen, wo der Akzent zu setzen ist.

- Bei Wörtern, die auf Vokal (oder Diphthong, z. B. **-ia**, **-ie**), **-n** oder **-s** enden, liegt der Akzent auf der vorletzten Silbe: España / farmacia / Carmen / Islas Baleares.
- Bei Wörtern, die auf einem anderen Konsonanten als **n** oder **s** enden, betont man die letzte Silbe: Madrid / Guadalquivir / Miguel.
- Der grafische Akzent (Akut) kennzeichnet die Silben, die von diesen Regeln abweichen: Castellón / París / Cádiz / Ángeles / José.

7 Diese Wörter werden regelmäßig betont. Unterstreichen Sie die betonte Silbe.

a. NADAL
b. CONTADOR
c. IGLESIA
d. BELMONTE
e. ESTEBAN
f. INIESTA

8 Diese Wörter werden unregelmäßig betont. Schreiben Sie sie erneut, und kennzeichnen Sie die betonte Silbe mit dem Akzent.

a. *Perez* ....
b. *Dali* ....
c. *Tomas* ....
d. *Martin* ....
e. *Miro* ....
f. *Sanchez* ....

Wie sagt man … ?

¿Qué tal?
Wie geht's dir?
fenomenal
großartig
muy bien
sehr gut
bien
gut
regular
es geht
mal
schlecht
muy mal
sehr schlecht
fatal
schrecklich

9 Tragen Sie fünf der im Kasten genannten Gefühlszustände in das Kreuzworträtsel ein.

10 Tragen Sie die Lösungswörter aus Übung 9 in die passenden Sprechblasen ein. Unterstreichen Sie die betonte Silbe.

Hiatus und Diphthonge

- Treffen zwei offene Vokale (**a**, **e** oder **o**) direkt aufeinander (sog. Hiatus), werden sie als zu zwei Silben zugehörig angesehen. **Ba-le-a-res** hat also vier Silben.
- Die geschlossenen Vokale **i** und **u** bilden einen Diphthong, wenn Sie mit einem offenen Vokal kombiniert werden: **-ua** entspricht einer Silbe; somit hat **Nicaragua** vier Silben.
- Um die beiden Laute eines Diphthongs zu trennen, verwendet man einen grafischen Akzent auf dem geschlossenen Vokal: **-ía** = zwei Silben; **sangría** = drei Silben.

Gruß und Abschied

hola
Guten Tag, Hallo (geläufige Grußform, nicht nur im familiären Kontext)

buenos días
Guten Tag, Guten Morgen

buenas tardes
Guten Tag (früher Nachmittag),
Guten Abend (vor Sonnenuntergang)

buenas noches
Guten Abend (abends),
Gute Nacht (Abschied, nachts)

adiós
Auf Wiedersehen oder *Tschüss!*

hasta pronto
Bis bald!

hasta la próxima
Bis zum nächsten Mal!

Stellen Sie sich die Betonung einer Silbe wie eine Note auf Notenlinien vor: Bei **hola** ist **ho** höher als **la**

Ho la

11 Tragen Sie auf den Notenlinien die passende Grußformel ein. Stellen Sie die Silben mit einer Note dar, indem Sie die betonte Silbe höher positionieren.

a.  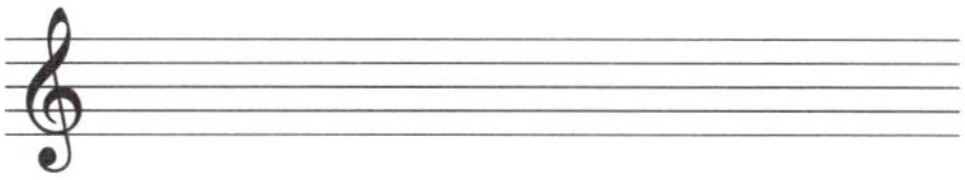

_ _ _ _ _ _ _   _ _ _ _ _ _ _

b.  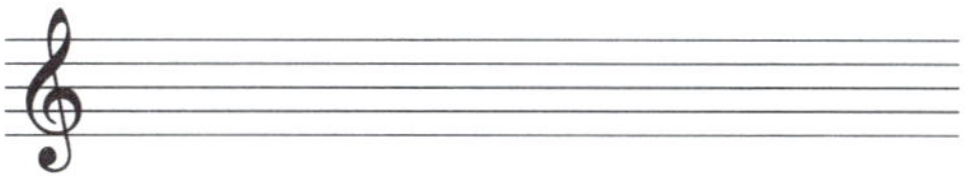

_ _ _ _ _ _ _   _ _ _ _ _ _ _

c.  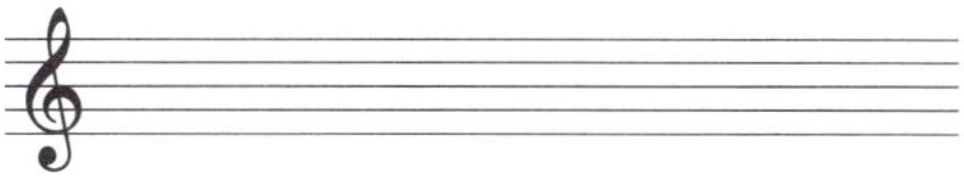

_ _ _ _ _ _ _   _ _ _ _ _

12 Schreiben Sie ausgehend von den Noten die entsprechenden Abschiedsformeln.

a. 

_ _ _ _ _   _ _ _ _ _ _ _

b. 

_ _ _ _ _   _ _   _ _ _ _ _ _ _

c. 

_ _ _ _ _

¡Felicidades! Sie haben das 1. Kapitel geschafft! Bewerten Sie nun Ihre Übungsergebnisse. Tragen Sie die Resultate hier und auch in der Punktetabelle auf Seite 128 ein.

2

Substantive, Artikel, Adjektive

Bestimmter Artikel

	Singular	Plural
Maskulinum (männlich)	el niño el amigo	los niños los amigos
Femininum (weiblich)	la niña la amiga	las niñas las amigas

- Der männliche bestimmte Artikel **el** kann mit der Präposition **de** verschmelzen: **la amiga del niño** *die Freundin des Kindes*
- Dies betrifft aber nur den Artikel im Singular: **la amiga de los niños** *die Freundin der Kinder.*

Personen aus dem Umfeld

el amigo, la amiga
der Freund, die Freundin

el chico, la chica
der Junge, das Mädchen

el compañero, la compañera
der Kollege, die Kollegin

el hermano, la hermana
der Bruder, die Schwester

el niño, la niña
das Kind (m.), das Kind (f.)

el vecino, la vecina
der Nachbar, die Nachbarin

1 Markieren Sie den passenden Artikel.

a.	EL – LOS – LA	vecina	DEL – DE – DE LA	niño
b.	LOS – LAS – LA	amigas	DEL – DE LOS – DE	chicos
c.	EL – LA – LOS	compañero	DE – DEL – DE LAS	Carmen
d.	EL – LOS – LAS	hermanos	DEL – DE LAS – DE LA	vecina

Unbestimmter Artikel

- Im Singular lauten die unbestimmten Artikel **un** bzw. **una**: **un amigo** *ein Freund*; **una amiga** *eine Freundin.*
- Im Plural gibt es keinen unbestimmten Artikel: **Tengo amigos** *Ich habe Freunde.*
- Bei nicht näher bestimmten Mengen verwendet man wie im Deutschen keinen Artikel: **Quiero vino** *Ich möchte Wein.*

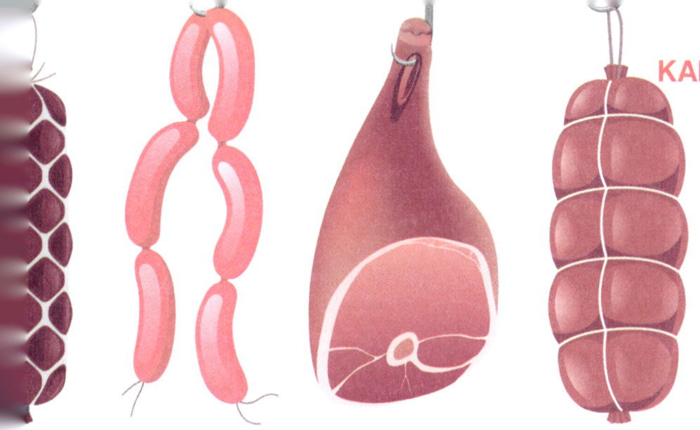

Lebensmittel

el azúcar *der Zucker*	**el pan** *das Brot*
el café *der Kaffee*	**el vino** *der Wein*
la carne *das Fleisch*	**el pescado** *der Fisch*

2 Formulieren Sie anhand der Abbildungen Sätze mit quiero *ich will* (blaue Kästchen) bzw. tengo *ich habe* (rosa Kästchen). Verwenden Sie je nach Abbildung die Singular- oder die Pluralform.

A1 ....
....

A2 ....
....

A3 ....
....

B1 ....
....

B2 ....
....

B3 ....
....

C1 ....
....

C2 ....
....

C3 ....
....

Maskulinum und Femininum

Nomen

- Nomen auf **-o** sind in der Regel männlich, Nomen auf **-a** weiblich. Durch diese Endungen können geschlechtlich differenzierte Bezeichnungen gebildet werden: **el hijo** *der Sohn*; **la hija** *die Tochter*.
- Es gibt jedoch zahlreiche Ausnahmen (siehe rechts), die für den Lerner irreführend sein können, so **el problema** das Problem, das trotz der Endung **-a** ein männliches Nomen ist.
- Wörter, die auf **-e** enden, sind entweder männlich (**el coche** *das Auto*) oder weiblich (**la noche** *die Nacht*).

Adjektive

- Auf **-o** endende Adjektive bilden das Femininum mit **-a**.
- Männliche Adjektive, die auf Konsonant, **-a** oder **-e** enden, behalten ihre Endung auch im Femininum bei: **un hijo alto, joven, deportista y alegre** *ein großer, junger, sportlicher und fröhlicher Junge*; **una hija alta, joven, deportista y alegre** *ein großes, junges, sportliches und fröhliches Mädchen*.

Wörter, die täuschen...

el día
der Tag

el idioma
die Sprache

la foto
das Foto

la leche
die Milch

la mano
die Hand

la moto
das Motorrad

el problema
das Problem

la sangre
das Blut

el tomate
die Tomate

Farben

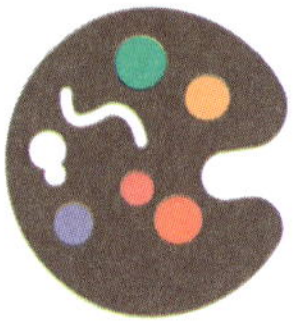

amarillo *gelb*	**blanco** *weiß*	**naranja** *orange*	**rojo** *rot*	**verde** *grün*
azul *blau*	**marrón** *braun*	**negro** *schwarz*	**rosa** *rosa*	**morado** *lila*

3 Tragen Sie die Farben der olympischen Ringe ein.

a. ....

b. ....

c. ....

d. ....

e. ....

4 **Ergänzen Sie im ersten Satz die korrekte Farbe. Formulieren Sie die restlichen Sätze nach demselben Muster.**

a.  La moto es ....

b.  ....

c.  ....

d.  ....

e.  ....

f.  ....

Adjektivpaare

alto / bajo
hoch / niedrig

fácil / difícil
einfach / schwierig

feo / guapo
hässlich / schön

frío / caliente
kalt / warm

joven / viejo
jung / alt

pequeño / grande
klein / groß

triste / alegre
traurig / fröhlich

Singular und Plural

Grundregel

Für den Plural hängt man an vokalisch endende Nomen **-s** bzw. an konsonantisch oder auf **-y** endende Nomen **-es** an: **el amigo fiel** *der treue Freund* – **los amigos fieles** *die treuen Freunde*; **la mujer guapa** *die schöne Frau* – **las mujeres guapas** *die schönen Frauen*; **el rey alto** *der große König* – **los reyes altos** *die großen Könige.*

Achten Sie auf Akzente!

Wird ein Wort in den Plural gesetzt, erhält es mitunter einen Akzent. So wird z. B. **joven** zu **jóvenes**; der Akzent bewirkt eine Längung.

Sammelbegriffe

Manche Singularwörter bezeichnen die Gesamtheit einer unbestimmten Anzahl gleichartiger Dinge oder Sachverhalte. Das Deutsche drückt dies oft mit dem Plural aus: **el equipaje** *das Gepäck*; **la fruta** *das Obst*; **la gente** *die Leute*; **la pasta** *die Nudeln*; **el pelo** *die Haare*; **la ropa** *die Kleidung.*

5 Übertragen Sie die Sätze in den Plural. (ES = *ist* / SON = *sind*)

a. El rey de España es joven.

....

b. El perro es fiel.

....

c. La mano es útil.

....

d. El problema es fácil.

....

6 Drücken Sie das Gegenteil aus.

a. La leche fría.

....

b. La vecina guapa.

....

c. La hermana triste.

....

d. El idioma fácil.

....

e. La mano pequeña.

....

f. El compañero alto.

....

7 Übertragen Sie die Sätze in den Singular.

a. Los coches de los deportistas son grandes.

....

b. Los amigos de las vecinas son guapos.

....

c. Las hijas de los vecinos son alegres.

....

d. Las motos de las mujeres son marrones.

....

8 **Übersetzen Sie.**

a. Ich habe schwarze Haare.

....

b. Ich möchte Nudeln.

....

c. Die Leute sind traurig.

....

d. Ich möchte grünes Obst.

....

e. Die Kleidung ist klein.

....

f. Ich habe blaues Gepäck.

....

Nationalitätsadjektive

Endung auf Vokal

- Auf **-o** endende Adjektive enden im Femininum auf **-a**: **el compañero ruso/la compañera rusa** *der/die russische Kollege/Kollegin*
- Auf einen anderen Vokal endende Adjektive bleiben unverändert: **el amigo canadiense/la amiga canadiense** *der/die kanadische Freund/Freundin.*
- Die Pluralendung lautet **-s**: **los jóvenes italianos** *die italienischen Jugendlichen.*

Endung auf Konsonant

- Die Endung des Femininums lautet **-a**: **un chico francés/una chica francesa** *ein französischer Junge/ein französisches Mädchen.*
- Im Plural fügt man für das Maskulinum **-es**, für das Femininum **-s** an: **amigos franceses/amigas francesas** *französische Freunde/Freundinnen.*
- Achten Sie auf die Schreibung mit dem Akzent, der jedoch mitunter wegfällt!

9 **Verbinden Sie die Elemente der Spalten, so dass Nationalitätsadjektive (Mask. Sing.) entstehen. Schreiben Sie sie neben die jeweiligen Ländernamen.**

a. mexi •	• cés	Portugal : ....
b. bel •	• unidense	Alemania : ....
c. ale •	• tino	Francia : ....
d. estado •	• cano	Argentina : ....
e. fran •	• glés	Inglaterra : ....
f. portu •	• mán	Bélgica : ....
g. in •	• ga	México : ....
h. argen •	• gués	Estados Unidos : ....

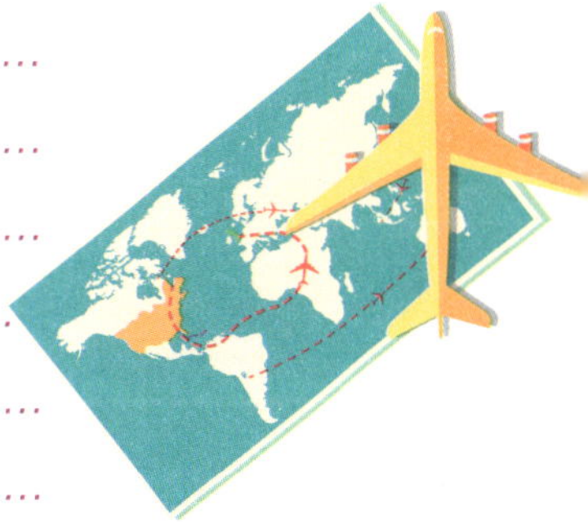

10 Welche Nationalität haben die Personen bzw. Personengruppen?

a. Guadalupe es

....

b. François y Julie son

....

c. Hillary

....

h. Angela y Frida

....

d. Linda y Lucinda

....

f. Margareth

....

g. Diego y Eva

....

e. Jules y Théo

....

¡Excelente! Sie haben das 2. Kapitel geschafft! Bewerten Sie nun Ihre Übungsergebnisse. Tragen Sie die Resultate hier und auch in der Punktetabelle auf Seite 128 ein.

Fragen und Antworten

Uhrzeiten und Zahlen bis 12

- Fragen werden mit einem umgekehrten Fragezeichen eingeführt: **¿Qué hora es?** *Wie spät ist es?*
- In der Antwort wird das Wort **hora** *Uhr* weggelassen: **Es la una** *Es ist 1 Uhr.* **Son las dos** *Es ist 2 Uhr.*
- Die Uhrzeiten werden meist mit den Zahlen von 1 bis 12 angegeben; eine Ergänzung kann also notwendig sein: **de la mañana** *vormittags*, **de la tarde** *nachmittags*, **de la noche** *abends* (nach Sonnenuntergang).
- Die präzise Uhrzeit gibt man mit **punto** *Punkt* an; die Minuten mit **menos** *vor* bzw. **y** *nach*: **Es la una menos cuarto** *Es ist Viertel vor eins.* **Son las dos y media** *Es ist halb drei.* **Son las dos menos cinco** *Es ist fünf vor zwei.*

1 Hier finden Sie die Zahlen von 0 bis 12 in zufälliger Reihenfolge. Zählen Sie die Punkte auf den Dominosteinen, und ordnen Sie jedem die richtige Zahl zu.

cuatro · doce · once · ocho · TRES · CINCO · uno · SEIS · cero · Nueve · siete · Diez · dos

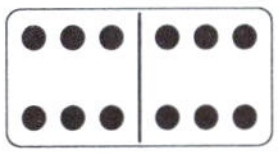 a. ....

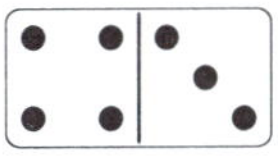 b. ....

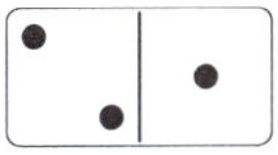 c. ....

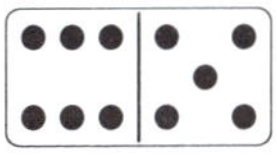 d. ....

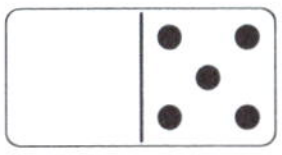 e. ....

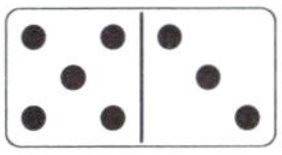 f. ....

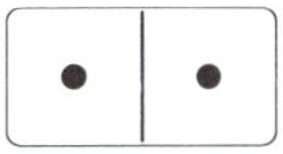 g. ....

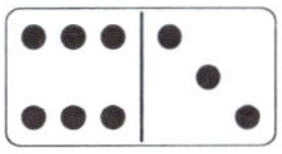 h. ....

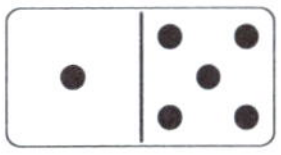 i. ....

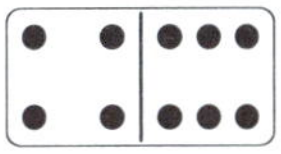 j. ....

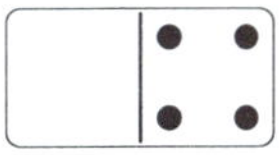 k. ....

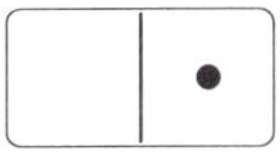 l. ....

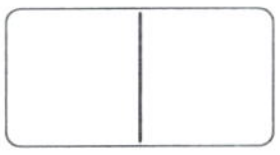 m. ....

2 Schreiben Sie die Uhrzeit mit Angabe der entsprechenden Tageszeit.

a. 

....

d. 

....

b. 

....

e. 

....

c. 

....

f. 

....

Altersangaben und Zahlen bis 100

Altersangaben

- Das Alter gibt man mit dem Verb **tener** *haben* an:

tengo	*ich habe*
tienes	*du hast*
tiene	*er/sie hat*
tenemos	*wir haben*
tenéis	*ihr habt*
tienen	*sie haben*

- Die Frage nach dem Alter lautet z. B. **¿Qué edad tienes?** *Wie alt bist du?* oder **¿Cuántos años tienes?**, wörtlich *Wie viele Jahre hast du?* Die Antwort lautet **Tengo x años** *Ich bin x Jahre alt.*
- Bei einer Person, die man siezt, benutzt man das Pronomen **usted** *Sie* und die 3. Person Singular des Verbs: **¿Qué edad/ Cuántos años tiene usted?** *Wie alt sind Sie?*
- Das Subjektpronomen vor dem Verb kann weggelassen werden. Man kann es benutzen, um die Person zu betonen: **Tengo...** *Ich bin ...*, **Yo tengo** *Ich, ich bin ...*

Zahlen bis 100

- Die Zahlen zwischen 16 und 29 schreibt man zusammen: **dieciséis** *16*, **diecisiete** *17 ...*, **veintinueve** *29.*
- Ab 31 benötigt man drei Wörter: **treinta y uno** *31* usw.

Zehnerzahlen von 40 bis 100

cuarenta *vierzig*	**sesenta** *sechzig*	**ochenta** *achtzig*	**cien** *hundert*
cincuenta *fünfzig*	**setenta** *siebzig*	**noventa** *neunzig*	

3 Ergänzen Sie die fehlenden Zahlen von 13 bis 36.

trece	*veintiuno*	*veintinueve*
catorce	*veintidós*	*treinta*
quince	*veintitrés*	*treinta y uno*
dieciséis	....	*treinta y dos*
diecisiete	....	....
....	*veintiséis*	....
....	....	....
veinte	....	*treinta y seis*

4 Ergänzen Sie die fehlenden Zahlen, so dass die Summe in jeder Spalte, jeder Zeile und jeder Diagonalen 100 (CIEN) ergibt.

diez	....	....	dieciséis
....	veinte	veintidós	....
veinticuatro	....	....	dieciocho
treinta y cuatro	....	doce	....

5 Ergänzen Sie die Bezeichnung für die korrekte mathematische Operation: MÁS (+), MENOS (-), POR (x), ENTRE (:).

a. setenta y cinco ....tres son veinticinco

b. noventa y tres .... veintiséis son sesenta y siete

c. cuarenta y dos ....dos son ochenta y cuatro

d. veintinueve ....veintisiete son cincuenta y seis

6 Ergänzen Sie die Dialoge und schreiben Sie die Altersangabe aus.

a. ¿Qué .... tienes?

b. [54]
....

c. ¿Cuántos .... tenéis?

d. [12]
....

7 Dasselbe nun in der Höflichkeitsform.

a. ¿ .... edad .... usted?

b. [29]
....

c. ¿................ años .... ustedes?

d. [77]
....

Fragen zur Person

Fragewörter

- Fragewörter tragen immer einen grafischen Akzent, z. B. **¿Cómo?** *Wie?* und **¿Cuál?** *Welcher, -e, -es?*

Reflexive Verben

- In **llamarse** *heißen* ist das Reflexivpronomen Teil des Verbs: **Me llamo ...** *Ich heiße ...* / **Yo me llamo ...** *Ich, ich heiße ...*
- Dieses Verb gehört zur Gruppe der regelmäßigen Verben auf **-ar**:

me llamo	*ich heiße*
te llamas	*du heißt*
se llama	*er/sie heißt*
nos llamamos	*wir heißen*
os llamáis	*ihr heißt*
se llaman	*sie heißen*

- Achtung: Bei **¿Cómo se llama usted?** *Wie heißen Sie?* wird nur eine Person angesprochen. Bei **¿Cómo se llaman ustedes?** *Wie heißen Sie?* werden mehrere Personen angesprochen. Die Frage **¿Cómo os llamáis?** *Wie heißt ihr?* richtet sich an mehrere Personen, die man duzt.

Possessivpronomen

- Die Possessivpronomen **mi**, **tu**, **su** sind sowohl männlich als auch weiblich: **mi amigo** *mein Freund*; **mi amiga** *meine Freundin*; **tu hermano** *dein Bruder*; **tu hermana** *deine Schwester*; **su hijo** *sein/ihr Sohn*; **su hija** *seine/ihre Tochter.*
- Den Plural bildet man durch Anfügen von **-s**: **mis perros** *meine Hunde.*

Persönliche Daten

arroba *Klammeraffe, at-Zeichen (@)*

el apellido *Familienname*

el correo *Post*

la dirección *Adresse*

el nombre *Vorname*

el número *Nummer*

punto *Punkt*

el teléfono *Telefonnummer*

8 Schreiben Sie diese (hier zusammengeschriebenen) E-Mail-Adressen im normalen E-Mail-Adressformat.

a. jotapuntocordobaarrobagmailpuntocom

....

b. cordobacincuentaysietepuntojotaarrobatelefonicapuntoes

....

9 Schreiben Sie die Telefonnummern aus: Die erste Zahl allein und alle nachfolgenden in Zweiergruppen: 9-50-23 usw.

a. 950235677 ....

b. 683314410..

c. 902855990 ....

10 Ergänzen Sie die jeweilige Frage nach dem/den Namen sowie die Antworten (1 Punktreihe = 1 Wort).

a.  b. 

a. ¿Cómo ....?

b. .... Gloria.

c.  d. 

c. ¿Cómo ....?

d. .... Isabel y Fernando.

e.  f. 

e. ¿Cómo ....?

f. .... Belén Pellicer.

g.  h. 

g. ¿Cómo .... perros?

h. ...... perros .... Loco y Atila.

11 **Stellen Sie unter Verwendung der angegebenen Stichwörter die zu den Antworten passenden Fragen.**

a. - ¿ .... ?
- Andrés

b. - ¿ .... ?
- Iniesta

c. - ¿ .... ?
- a.iniesta@telefonica.net

d. - ¿ .... ?
- 655846570

DIRECCIÓN

nombre apellido

¿Cuál es tu...?

número de teléfono

de correo

Nach der Herkunft fragen

Verb ser

- **ser** *sein* drückt die Identität (**Soy Juan, soy español** *Ich bin Juan, ich bin Spanier*) und die Herkunft aus (**Soy de Sevilla** *Ich komme aus Sevilla*).

soy	*ich bin*
eres	*du bist*
es	*er/sie ist*
somos	*wir sind*
sois	*ihr seid*
son	*sie sind*

Fragewörter und Negation

- Auf der Grundlage von **¿Dónde?** *Wo?* kann man mit **¿De dónde?** *Woher?* nach der Herkunft fragen.
- **no** bedeutet nicht nur *nein*, sondern auch *nicht* oder *kein*; es steht immer vor dem Verb: **No soy alemán** *Ich bin kein Deutscher.* Möglich ist auch **No, no soy alemán** *Nein, ich bin kein Deutscher.*

Einwohner spanischer Regionen

andaluz
Andalusier

catalán
Katalane

valenciano
Valencianer

gallego
Galicier

vasco
Baske

navarro
Navarrese (Einwohner von Navarra)

extremeño
Einwohner von Extremadura

12 Ergänzen Sie die Dialoge mithilfe der auf der Spanienkarte eingezeichneten Regionsnamen (1 Punktreihe = 1 Wort).

a. ¿De .... eres?
.... andaluz.
.... Sevilla.

b. ¿ .... usted ....?
Sí, ... catalana.
.... de ....

c. ¿Es .... gallega?
No, no ....
.... Mérida, soy ....

d. ¿ .... eres?
Soy ....
.... Bilbao.

13 Dasselbe nun im Maskulinum Plural.

a. ¿ ....?
Sí, ...
Somos de Pamplona.

14 ... und im Femininum Plural.

a. ¿De ....?
Somos ....
.... Valencia.

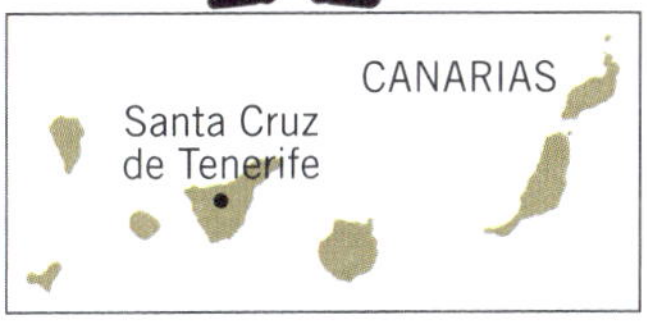

¡Muy bien! Sie haben das 3. Kapitel geschafft! Bewerten Sie nun Ihre Übungsergebnisse. Tragen Sie die Resultate hier und auch in der Punktetabelle auf Seite 128 ein.

4

Eine Person vorstellen

Verwendung der Personalpronomen

- Das Personalpronomen vor dem Verb hat, wie Sie wissen, eine verstärkende Funktion: **Yo soy español** *<u>Ich</u> bin Spanier.*
- Man verwendet es nach dem Verb, um eine Person zu identifizieren: **¿Quién es?** *Wer ist das?* **Soy yo** *Ich bin es*; **Eres tú** *Du bist es*; **Es él** *Er ist es* usw.
- Man benutzt es auch, um eine Person vorzustellen: **Él es mi hermano** *Er ist mein Bruder*; **Ella es Carmen** *Das (Sie) ist Carmen.*
- Anders als im Deutschen gibt es in der 1., 2. und 3. Person Plural jeweils ein Personalpronomen für das Maskulinum und eines für das Femininum.

Personalpronomen

yo *ich*	**nosotras** *wir (Fem.)*
tú *du*	**vosotros** *ihr (Mask.)*
él *er*	**vosotras** *ihr (Fem.)*
ella *sie*	**ellos** *sie (Mask.)*
nosotros *wir (Mask.)*	**ellas** *sie (Fem.)*

Familienmitglieder

el padre *Vater*	**el abuelo** *Großvater*
la madre *Mutter*	**la abuela** *Großmutter*
los padres *Eltern*	**los abuelos** *Großeltern*

1 Ergänzen Sie das passende Pronomen bzw. Verb.

a. ¡Soy ....! **b.** ¡.................. nosotras! **c.** ¿Sois .... ?

d. ¿Eres .... ? **e.** ¿........................usted? **f.** ¡...........................ellos!

2 Hier stellt Manolito sich und seine Familie vor. Ergänzen Sie die Sätze.

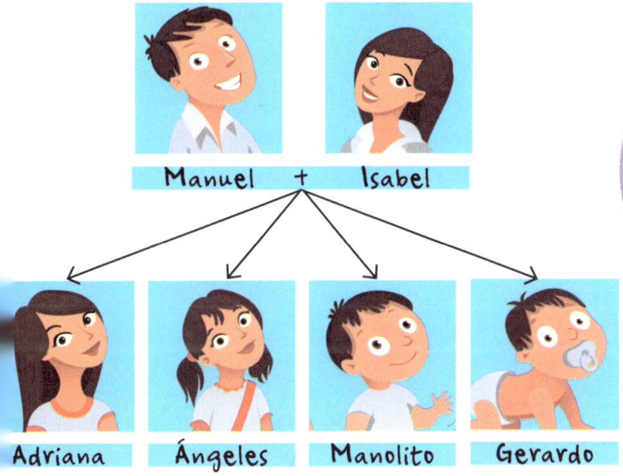

Hola, ... Manolito.
.... es mi ....,
se llama Manuel, y ....
es mi ...., Isabel. ....
....
dos hermanas, Adriana y Ángeles.
Y ....
.... pequeño, Gerardo.

Äußeres Erscheinungsbild

- Beschäftigen wir uns nun damit, wie man das Aussehen einer Person beschreibt. Einige nützliche Wörter finden sie in der Wortschatzliste auf der nächsten Seite.
- Die meisten Sätze können mit dem Verb **ser** gebildet werden: **Es joven** *Er ist jung*; **Es morena** *Sie ist brünett.*
- Bei bestimmten Aussagen verwendet man **tener**: **Tiene gafas, barba y bigote** *Er trägt Brille, Bart und Schnurrbart.* **Tiene el pelo largo** *Er hat lange Haare.*

Personenbeschreibungen

la barba *Bart*	**fuerte** *kräftig*	**los ojos** *Augen*
el bigote *Schnurrbart*	**las gafas** *Brille*	**las orejas** *Ohren*
castaño *braun*	**largo** *lang*	**pelirrojo** *rothaarig*
corto *kurz*	**moreno** *brünett*	**rubio** *blond*
delgado *schlank*	**la nariz** *Nase*	

3 Finden Sie im Gitter fünf Körperteile und vier Haarfarben (horizontal und vertikal).

C	M	C	A	S	T	A	Ñ	O
U	O	Á	N	T	A	O	S	H
O	R	E	J	A	E	J	R	M
P	E	L	I	R	R	O	J	O
A	N	N	A	U	S	T	P	I
E	O	N	E	B	M	A	E	N
O	N	A	R	I	Z	L	L	I
T	B	I	G	O	T	E	O	O

4 Aus den restlichen Buchstaben lässt sich eine Frage formulieren. Welche? Und wie lautet die Antwort?

¿ ....?

....

5 Ergänzen Sie, welche äußeren Ähnlichkeiten die genannten Familienmitglieder haben (1 Punktreihe = 1 Wort).

a. Paco es .... como su padre.

b. Soledad es .... como su madre.

c. Paco es .... y .... como su madre.

d. Soledad es .... y .... como su padre.

e. Paco y Soledad tienen .... como sus abuelos.

f. Paco y Soledad tienen los .... como sus padres.

g. El abuelo y el padre tienen ....

h. Soledad tiene el .... como su madre.

Arbeit und Berufe

- Hier die Konjugation des Verbs **trabajar** *arbeiten*:

trabajo	*ich arbeite*
trabajas	*du arbeitest*
trabaja	*er/sie arbeitet*
trabajamos	*wir arbeiten*
trabajáis	*ihr arbeitet*
trabajan	*sie arbeiten*

- Es gibt mehrere Möglichkeiten, nach dem Beruf zu fragen: **¿En qué trabajas?** *In welcher Branche arbeitest du?*; **¿A qué te dedicas?** *Was machst du beruflich?*, wörtlich *Zu was widmest du dich?* (**dedicarse** wird wie **llamarse** konjugiert); **¿Cuál es tu profesión?** *Was ist dein Beruf?*
- Siezt man eine Person, benutzt man die 3. Person Singular: **¿En qué trabaja usted?; ¿A qué se dedica usted?; ¿Cuál es su profesión?**
- Berufsbezeichnungen, die auf **-ista** bzw. **-ante** enden, sind sowohl männlich als auch weiblich: **Isabel es periodista** *Isabel ist Journalistin*; **Paco es taxista** *Paco ist Taxifahrer.*
- Endet die männliche Berufsbezeichnung auf **-or**, erhält die weibliche Form **-ora**: **profesor/profesora** *Professor/-in.*

Berufe

cantante *Sänger*	**escritor** *Schriftsteller*	**dentista** *Zahnarzt*	**pintor** *Maler*
carnicero *Metzger*	**estudiante** *Student*	**panadero** *Bäcker*	**abogado** *Rechtsanwalt*

6 Fragen Sie in der Duzform nach den Berufen dieser Personen, und ergänzen Sie die Antworten.

a. ¿En qué ....?
....

b. ¿Cuál ....?
....

7 ... und nun in der Höflichkeitsform.

a. ¿Cuál ....?
....

b. ¿A qué..............................?
....

Wohnort

- Spricht man über seinen Wohnort, so benutzt man das Verb **vivir** *leben/wohnen*, ein regelmäßiges Verb auf **-ir**:

vivo	*ich lebe*
vives	*du lebst*
vive	*er/sie lebt*
vivimos	*wir leben*
vivís	*ihr lebt*
viven	*sie leben*

- Die Frage nach dem Wohnort lautet **¿Dónde vives?** *Wo wohnst/lebst du?*
- Der Ort, an dem man sich befindet, wird immer mit **en** eingeführt, egal, ob es sich um ein Land oder eine Stadt handelt: **Vivo en España** *Ich wohne in Spanien*; **Vivo en Sevilla** *Ich wohne in Sevilla*; **Vivo en una ciudad** *Ich wohne in einer Stadt.*
- Die Frage nach der Anschrift lautet **¿Cuál es tu dirección?** *Wie lautet deine Adresse?*
- Bei der Adressangabe wird **calle** *Straße* mit **C/** abgekürzt, danach folgen der Straßenname und die Hausnummer: **C/ San Miguel 17**. In der Umgangssprache wird **calle** häufig weggelassen; dann sagt man z. B. zum Taxifahrer **Almagro 38** *Almagrostr. 38.*

8 Übersetzen Sie.

a. Wo wohnen Sie, Carmen?

....

b. Wie lautet Ihre Adresse?

....

9 Übersetzen Sie.

a. Wohnt ihr in Mexiko?

....

b. Nein, wir wohnen in Frankreich, in Paris.

....

10 Übersetzen Sie.

a. Unter welcher Hausnummer der Almagrostraße wohnst du?

....

b. Ich wohne in der Nummer 25.

....

Sprachkenntnisse

- Sie können fragen **¿Cuántos idiomas hablas?** *Wie viele Sprachen sprichst du?*; **¿Qué idiomas hablas?** *Welche Sprachen sprichst du?*
- Die Nationalitätsadjektive bezeichnen auch die Sprachen: **francés**, **inglés**, **alemán** usw.
- Die Frage nach den Sprachkenntnissen kann auch mit **¿qué tal?** formuliert werden: **¿Qué tal hablas el inglés?** *Wie [gut] sprichst du Englisch?* **Lo hablo muy bien** *Ich spreche es sehr gut.* **Lo escribo bien, pero lo hablo regular** *Ich schreibe es gut, aber ich spreche es mittelmäßig.*
- Hier nun noch die Konjugation der regelmäßigen Verben auf **-er** wie **comer** *essen*, **beber** *trinken*, **leer** *lesen*:

leo	*ich lese*
lees	*du liest*
lee	*er/sie liest*
leemos	*wir lesen*
leéis	*ihr lest*
leen	*sie lesen*

11 Formulieren Sie in der Siezform die zu den Antworten passenden Fragen.

a. ¿..? Hablo inglés y francés.

b. ¿.. el inglés? Lo leo regular.

c. ¿.............................. el francés? Lo escribo muy bien.

12 Formulieren Sie jetzt die Fragen aus Übung 11, indem Sie sich an zwei Personen wenden, die Sie duzen.

a. ....

b. ....

c. ....

13 Diese drei Personen beschreiben, wie gut sie (auf einer Skala von 0 bis 10) Englisch, Russisch bzw. Portugiesisch sprechen. Formulieren Sie entsprechend Sätze mit den in Kapitel 1, Seite 7, kennengelernten Adverbien (super bien *sehr gut* usw.). Verbinden Sie die Satzteile mit PERO *aber* bzw. Y *und*.

a. ....
pero ....

b. ....
y ....

c. ....
pero ....
y ....

¡Fantástico! Sie haben das 4. Kapitel geschafft! Bewerten Sie nun Ihre Übungsergebnisse. Tragen Sie die Resultate hier und auch in der Punktetabelle auf Seite 128 ein.

5

Vorlieben, Charakterzüge, Stimmungen

Vorlieben und Abneigungen

- Um zu sagen, dass man etwas mag bzw. einem etwas gefällt, verwendet man das Verb **gustar** *mögen*, das sich ebenso verhält wie das deutsche *gefallen*: **Me gusta Madrid** *Ich mag Madrid*; **Me gustan los tomates** *Ich mag Tomaten.*
- Nach demselben Muster können Sie auch sagen: **Nos encanta España** *Wir lieben Spanien* oder **Le horrorizan sus vecinos** *Er hasst seine Nachbarn (Seine Nachbarn entsetzen ihn).*
- Zur Präzisierung oder Betonung benutzt man die Präposition **a**: **A mi hermana no le gusta la carne** *Meine Schwester mag kein Fleisch.*
- Beachten Sie: In bestimmten Fällen ändert sich die Form des Personalpronomens nach einer Präposition:

Personalpronomen	
nach Präposition	**ohne Präposition (indirekt)**
a mí	**me**, *mir*
a ti	**te**, *dir*
a él/ella	**le**, *ihm/ihr*
a usted	**le**, *Ihnen*
a nosotros/as	**nos**, *uns*
a vosotros/as	**os**, *euch*
a ellos/ellas	**les**, *ihnen*

Obst und Nüsse

el albaricoque *Aprikose*
la ciruela *Pflaume*
la fresa *Erdbeere*
el limón *Zitrone*
el mango *Mango*
la manzana *Apfel*
el melocotón *Pfirsich*
el melón *Melone*
la naranja *Orange*
la pera *Birne*
la piña *Ananas*
el plátano *Banane*
la uva *Traube*
el aguacate *Avocado*
la almendra *Mandel*
la avellana *Haselnuss*
la cereza *Kirsche*
el coco *Kokosnuss*
el kiwi *Kiwi*
la sandía *Wassermelone*

1 Bilden Sie anhand der Tabelle fünf Sätze nach dem Muster "Pablo liebt Äpfel und mag Bananen, aber er mag keine Melone und hasst Ananas". Verwenden Sie je nach Abbildung die Singular- oder die Pluralform.

PABLO				
MIS HIJOS				
YO				
NOSOTROS				
TÚ				

a. A Pablo ....
....

b. A mis hijos ....
....

c. A ....
....

d. A ....
....

e. A ....
....

2 Übersetzen Sie (Höflichkeitsform im Singular).

a. Mögen Sie Wein? ....

b. Mögen Sie Hunde? ....

c. Sie lieben Kaffee. ....

d. Sie hassen Zucker. ....

3 Übersetzen Sie (Duzform im Plural).

a. Mögt ihr Brot? ....

b. Mögt ihr meine Brille? ....

c. Ihr mögt meine Eltern nicht. ....

d. Ihr liebt das Lesen. ....

Reaktionen ausdrücken

- Zahlreiche Gefühlsäußerungen werden mithilfe eines Verbs in der 3. Person und einem indirekten Pronomen gebildet. Meist verwendet man das Verb **dar** *geben*.

  me da asco *das ekelt mich an*

  me da miedo *das macht mir Angst*

  me da pena *das tut mir leid/ schmerzt mich*

  me da pereza *ich habe keine Lust*

  me da vergüenza *ich schäme mich*

  me da gusto *das gefällt mir*

- Wie bei **gustar** verweist das indirekte Pronomen auf die Person, die das Gefühl empfindet, und das Verb gleicht sich an das Subjekt an: **Me da asco la carne** *Das Fleisch ekelt mich an*; **Le dan miedo los animales** *Er hat Angst vor Tieren.*

4 Ergänzen Sie jeweils einen der auf der vorherigen Seite genannten Gefühlsausdrücke.

a. Me .... los perros grandes.

b. ¿No te .... las cucarachas?

c. Le .... los animales del zoológico.

d. Nos .... tener amigos.

e. ¿No os .... tener el pelo largo?

f. Les .... trabajar.

5 Übersetzen Sie die Sätze aus der letzten Übung.

a. ....

b. ....

c. ....

d. ....

e. ....

f. ....

Charakterzüge und Stimmungen

Dem deutschen Verb *sein* entsprechen zwei verschiedene spanische Verben. *Ich bin* Arzt wird anders ausgedrückt als *Ich bin krank*.

- Zum einen ist da das Verb **ser**. Mit ihm werden Dinge und dauerhafte Eigenschaften beschrieben, z. B. Berufe, Nationalitäten oder Charakterzüge, außerdem Farben und Materialien: **Es tonto** *Er/sie ist dumm*; **Soy médico** *Ich bin Arzt.*
- Dann gibt es das Verb **estar**. Es wird benutzt, wenn man einen Ort, einen Zustand, das persönliche Befinden beschreibt oder eine Bewertung abgibt: **Estoy enfermo** *Ich bin krank*; **Está cansado** *Er ist müde.*

Hier die Konjugation von **estar** im Präsens:

estoy	*ich bin*
estás	*du bist*
está	*er/sie ist*
estamos	*wir sind*
estáis	*ihr seid*
están	*sie sind*

Charaktereigenschaften

bueno *liebenswürdig*	**listo** *intelligent*	**serio** *ernst*	**valiente** *mutig*
cobarde *feige*	**malo** *böse*	**trabajador** *fleißig*	**en cambio** *hingegen*
divertido *lustig*	**perezoso** *faul*	**tonto** *dumm*	**mientras que** *während*

6 Ergänzen Sie anhand der Wortschatzliste oben jeweils die Charaktereigenschaft, die das Gegenteil der im anderen Teilsatz genannten Eigenschaft ist.

a. Lucía .... , mientras que Teresa es tonta.

b. María es buena. En cambio, Esperanza ....

c. Nicolás ...., mientras que Paco es serio.

d. Miguel .... Jaime, en cambio, es cobarde.

e. Cecilia es perezosa, mientras que Juan ....

7 Testen Sie Ihr Sprachgefühl! Verbinden Sie spontan die Elemente in der linken Spalte mit den dazugehörigen rechts. Tragen Sie dann die kompletten Wörter vor der deutschen Übersetzung ein.

can •	• cionado	a. .... : *wütend*
con •	• cupado	b. .... : *krank*
decep •	• fermo	c. .... : *nachdenklich*
enamo •	• oso	d. .... : *beunruhigt*
en •	• prendido	e. .... : *müde*
furi •	• rado	f. .... : *überrascht*
pensa •	• sado	g. .... : *enttäuscht*
preo •	• tento	h. .... : *zufrieden*
sor •	• tivo	i. .... : *verliebt*

8 Übersetzen Sie.

a. Wir sind beunruhigt. ....

b. Du bist wütend. ....

c. Sie (Plural) sind nachdenklich. ....

d. Sind Sie enttäuscht? ....

e. Seid ihr überrascht? ....

9 Ergänzen Sie den Dialog anhand der vier noch nicht verwendeten Adjektive aus Übung 7 nach dem Muster *Bist du ...* bzw. *Seid ihr ... ?* / *Nein, ich bin ...* bzw. *Nein, wir sind ...*

a. ¿ ....?

No, ...

No, ...

b. ¿ ....?

¡Estupendo! Sie haben das 5. Kapitel geschafft! Bewerten Sie nun Ihre Übungsergebnisse. Tragen Sie die Resultate hier und auch in der Punktetabelle auf Seite 128 ein.

6
Handlungsverben (1)

Alltagsroutinen

- Der Stamm bestimmter Verben verändert sich im Präsens Indikativ: **-o** wird zu **-ue** (**dormir** *schlafen*; **duermo** *ich schlafe*), **-e** wird zu **-ie** (**despertarse** *aufwachen*; **me despierto** *ich wache auf*).
- Dieser Vokalwandel betrifft nicht die 1. und 2. Person Plural. Wir kennzeichnen diese Verben in der Folge mit einem Sternchen.

- **Dormir**

duermo	*ich schlafe*
duermes	*du schläfst*
duerme	*er/sie schläft*
dormimos	*wir schlafen*
dormís	*ihr schlaft*
duermen	*sie schlafen*

- **Despertarse**

me despierto	*ich wache auf*
te despiertas	*du wachst auf*
se despierta	*er/sie wacht auf*
nos despertamos	*wir wachen auf*
os despertáis	*ihr wacht auf*
se despiertan	*sie wachen auf*

Uhrzeiten und Aktivitäten

acostarse*
sich hinlegen

cenar
zu Abend essen

comer
essen

desayunar
frühstücken

despertarse*
aufwachen

dormir*
schlafen

dormirse*
einschlafen

por la mañana
morgens

por la noche
abends/nachts

por la tarde
nachmittags/ abends

1 Ordnen Sie die Wörter, und bilden Sie Fragen und Antworten.

LA DESPIERTAS ? TE ¿ MAÑANA QUÉ A POR HORA

menos las a ocho me despierto cuarto

a. .... b. ....

NOCHE QUÉ a ? USTED ACUESTA ¿ LA HORA POR SE

a acuesto doce las y media me

c. .... d. ....

2 Übersetzen Sie.

a. Wie viele Stunden schläfst du?

....

b. Um wie viel Uhr schläfst du ein?

....

3 Bilden Sie aus den Elementen in den drei Spalten Sätze, wobei Sie die Aktivitäten chronologisch sortieren. Schreiben Sie die Uhrzeiten aus.

co •	• tamos •	• 08:00	**a.** ....
os dor •	• nan •	• 13:45	**b.** ....
ce •	• mes •	• 22:30	**c.** ....
nos desper •	• yuno •	• 07:15	**d.** ....
desa •	• ta •	• 23:45	**e.** ....
se acues •	• mís •	• 00:00	**f.** ....

Einige Bewegungsverben

Verben auf -go

- **salir** *weggehen* und **venir** *kommen* haben in der 1. Person Singular die Endung **-go**. In den übrigen Personalformen folgt **salir** dem Muster von **vivir**; **venir** verhält sich wie ein Verb mit Diphthongierung.

Salir

salgo	*ich gehe weg*
sales	*du gehst weg*
sale	*er/sie geht weg*
salimos	*wir gehen weg*
salís	*ihr geht weg*
salen	*sie gehen weg*

Venir

vengo	*ich komme*
vienes	*du kommst*
viene	*er/sie kommt*
venimos	*wir kommen*
venís	*ihr kommt*
vienen	*sie kommen*

Verb ir *gehen*

- Ist **ir** ein Bewegungsverb, folgt ihm die Präposition **a.** Danach kann ein Nomen oder ein Verb folgen: **Voy a España** *Ich fahre (gehe) nach Spanien.* **Voy a comer** *Ich gehe essen.*

Ir

voy	*ich gehe*
vas	*du gehst*
va	*er/sie geht*
vamos	*wir gehen*
vais	*ihr geht*
van	*sie gehen*

Ortspräpositionen

- **a + el** wird zu **al**: **Voy al cine** *Ich gehe ins Kino.*
- **casa** *Haus* wird in den folgenden Fällen ohne Artikel benutzt: **en casa** *zu Hause*; **a casa** *nach Hause*; **de casa** *von zu Hause.*

Frage wo?

- Das Fragewort **¿Dónde?** wird im Falle einer Bewegung zu **¿Adónde?**: **¿Adónde vas?** *Wohin gehst du?*

Berufe und Arbeitsstätten

el alumno *Schüler*	**la fábrica** *Fabrik*	**el obrero** *Arbeiter*	**el trabajo** *Arbeit*
el empleado *Angestellter*	**el instituto** *Gymnasium*	**la oficina** *Büro*	**volver*** *zurückkommen*

4 **Ergänzen Sie den Dialog in der Duzform mithilfe der Verben IR, SALIR und VOLVER.**

a. ¿ ....?

b. .... a la fábrica.

c. ¿...?

d. .... de casa a las ocho.

e. ¿...?

f. .... a casa a las siete.

5 **Formulieren Sie nun den Dialog mithilfe der Abbildungen rechts in der Siezform.**

a. ¿ ....?

b. ....

c. ¿..de casa?

d. .... a las nueve.

e. ¿..?

f. .... a casa a las seis.

6 **Verwenden Sie nun auf der Grundlage der Abbildung links die Duzform im Plural.**

a. ¿ ....?

b. ....

c. ¿..?

d. ....de casa a las diez.

e. ¿..?

f. .... a casa a las cinco.

7 **Übersetzen Sie.**

a. Wer bin ich? ....

b. Woher komme ich? ....

c. Wohin gehe ich? ....

8 **Übertragen Sie die Sätze der vorherigen Übung in die 1. Person Plural.**

a. ....

b. ....

c. ....

Einige einfache Handlungsverben

Unregelmäßige Verben

- Auch **hacer** *machen*, **ver** *sehen* und **dar** *geben* weisen in der 1. Person Singular Präsens Unregelmäßigkeiten auf. **Hacer** hat die Endung **-go**: **hago** *ich mache*. **Ver** wird zu **veo** *ich sehe*, und **dar** wird zu **doy** *ich gebe*.
- Die weiteren Personalformen werden regelmäßig konjugiert.

Hacer

hago	*ich mache*
haces	*du machst*
hace	*er/sie macht*
hacemos	*wir machen*
hacéis	*ihr macht*
hacen	*sie machen*

Ver

veo	*ich sehe*
ves	*du siehst*
ve	*er/sie sieht*
vemos	*wir sehen*
veis	*ihr seht*
ven	*sie sehen*

Dar

doy	*ich gebe*
das	*du gibst*
da	*er/sie gibt*
damos	*wir geben*
dais	*ihr gebt*
dan	*sie geben*

Objekte im Akkusativ und Dativ

- Ist das Akkusativobjekt eine Person, stellt man ihm die Präposition **a** voran: **Veo la tele** *Ich sehe fern*. **Veo a un amigo** *Ich sehe einen Freund*.
- Verwechseln Sie dies nicht mit dem Dativobjekt: **Doy la mano a mis amigos** *Ich reiche meinen Freunden die Hand*.
- Das Akkusativ- und das Dativpronomen sind in allen Personalformen identisch, außer in den 3. Personen:

- Akkusativpronomen: **Lo/la veo** *Ich sehe ihn/sie*; **Los/las veo** *Ich sehe sie* (Mask./Fem.).
- Dativpronomen: **Le/les hablo** *Ich spreche mit ihm/ihnen*.

9 Markieren Sie den richtigen Satzabschluss.

a. Veo...
☐ el carnicero.
☐ al carnicero.

b. Hago...
☐ mi trabajo.
☐ a mi trabajo.

c. Leo...
☐ un escritor español.
☐ a un escritor español.

d. Doy...
☐ mi número de teléfono.
☐ a mi número de teléfono.

10 Formulieren Sie die Sätze um, indem Sie das unterstrichene Element durch ein Objektpronomen ersetzen.

a. Doy café <u>a mis amigos.</u> ....doy café.

b. Veo <u>la tele.</u> .... veo.

c. Me da <u>su perro.</u> Me .... da.

d. Doy mi perro <u>a un amigo.</u> .... doy mi perro.

Im Ablauf befindliche Handlungen

Präsens

- Wie im Deutschen wird das Präsens für allgemeingültige Tatsachen und gewohnheitsmäßige Handlungen benutzt: **Los platanos son amarillos** *Die Bananen sind gelb.* **Me acuesto a las once** *Ich gehe um 23 Uhr schlafen.*

Verlaufsform

- Das Spanische verwendet für im Ablauf befindliche Handlungen sehr oft die Verlaufsform, die mit dem Verb **estar** und dem unveränderlichen **Gerundio** gebildet wird.
- Das spanische Gerundium hat zwei regelmäßige Endungen: **-ando** für die Verben auf **-ar** und **-iendo** für die Verben auf **-er** und **-ir**: **Estoy hablando** *Ich spreche gerade.* **Estás comiendo** *Du isst gerade.* **Está saliendo** *Er/sie geht gerade weg.*
- Merken Sie sich einige Unrgelmäßigkeiten, z. B. **durmiendo** *beim Schlafen*; **leyendo** *beim Lesen.*
- Achtung: Es kann niemals ein Pronomen direkt vor dem **Gerundio** stehen. Dieses steht immer vor der konjugierten Form von **estar**: **Me está llamando** *Er/sie ruft mich gerade an.*

11 Übersetzen Sie unter Verwendung der Verlaufsform.

a. Was machen sie?

....

b. Sprichst du mit mir?

....

c. Er schläft ein.

....

d. Ich wache auf.

....

12 Beschreiben Sie, was die Personen gerade tun. Muster:

Die Arbeiter arbeiten gerade nicht. Sie schlafen gerade.

a. Los obreros ....

....

....

b. El alumno ....

....

....

c. Yo ....

....

....

¡Perfecto! Sie haben das 6. Kapitel geschafft! Bewerten Sie nun Ihre Übungsergebnisse. Tragen Sie die Resultate hier und auch in der Punktetabelle auf Seite 128 ein.

7

Handlungsverben (2)

Wöchentliche Routinen

Gewohnheiten

- Um *etw. gewohnt sein* auszudrücken, benutzt man **soler*** + Infinitiv: **Suelo acostarme a las doce** *Gewöhnlich gehe ich um Mitternacht schlafen.*
- Der Pluralartikel vor Wochentagen weist auf eine wöchentlich wiederkehrende Gewohnheit hin: **Los lunes hago deporte** *Montags mache ich Sport.*
- Wochentage werden mit dem ersten Buchstaben abgekürzt: **lunes** = **L**. Das Zeichen für **miercoles** *Mittwoch* lautet **X**, um ihn von **martes** zu unterscheiden.

Häufigkeit

- Die Häufigkeit wird mit Adverbien ausgedrückt: **Me despierto siempre a las siete** *Ich wache immer um 7 Uhr auf.* **Desayuno a menudo en un café** *Ich frühstücke oft in einem Café.* **Como a veces en casa** *Manchmal esse ich zu Hause zu Mittag.* **Ceno pocas veces en un restaurante** *Ich esse selten in einem Restaurant zu Abend.*
- Für **nunca** *niemals* gibt es zwei Ausdrucksformen: **Nunca tomo café/No tomo nunca café** *Ich trinke nie Kaffee.*

Wochentage

lunes
Montag
martes
Dienstag
miércoles
Mittwoch
jueves
Donnerstag
viernes
Freitag
sábado
Samstag
domingo
Sonntag

Sportarten und Hobbys

correr *laufen*	**el baloncesto** *Basketball*	**el libro** *Buch*
escuchar *anhören*	**el balonmano** *Handball*	**la música** *Musik*
jugar* *spielen*	**el deporte** *Sport*	**la película** *Film*
nadar *schwimmen*	**el fútbol** *Fußball*	**el cine** *Kino*

1 Formulieren Sie die Sätze mit der passenden Form von soler, so dass eine Gewohnheit ausgedrückt wird.

a. Leemos libros en español.

....

b. Van al cine.

....

c. Hago deporte por la tarde.

....

d. No juegas al balonmano.

....

2 Drücken Sie unter Verwendung von nunca auf zwei Arten das Gegenteil aus.

Mis amigos siempre nadan por la mañana.

a. ....

b. ....

Yo siempre juego al baloncesto por la tarde.

c. ....

d. ....

3 **Beantworten Sie die Fragen anhand der Abbildungen in der Tabelle.**

a. ¿Qué hace Alicia los lunes? ....

b. ¿Qué hacen Pedro y Alba los sábados? ....

c. ¿Qué hace Pedro los miércoles? ....

d. ¿Qué hacen Alicia y Alba los domingos? ....

	PEDRO	ALICIA	ALBA
		L M J	
	L X V		
	S		V S
		X D	D

4 **Ergänzen Sie in den Sätzen anhand der Abbildungen, wie oft die Aktivitäten ausgeführt werden: oft (dreimal), ab und zu (zweimal) oder selten (einmal)?**

a. Pedro ve películas .... y escucha música ....

b. Alicia corre .... y juega al fútbol ....

c. Alba escucha música .... y juega al fútbol ....

Eine Frage oder Bitte äußern

- Für die Frage nach einer Auskunft oder Information verwendet das Spanische das Verb **preguntar**: **Le pregunto su nombre** *Ich frage ihn nach seinem Namen.*
- Bittet man um einen Gegenstand, eine Handlung, einen Gefallen ö. Ä., wird das Verb **pedir** benutzt: **Te pido una manzana** *Ich bitte dich um einen Apfel.*
- **pedir** gehört zu den Verben, bei denen sich der Stammvokal ändert: Das **-e** des Stamms (**ped-**) wird in allen Personalformen außer der 1. und der 2. Person Plural zu **-i-** (**pid-**).

Pedir (*bitten*)

pido	*ich bitte*
pides	*du bittest*
pide	*er/sie bittet*
pedimos	*wir bitten*
pedís	*ihr bittet*
piden	*sie bitten*

5 Verbinden Sie die beiden Satzanfänge mit den passenden Satzabschlüssen.

... CUARENTA EUROS.

... azúcar.

... el color de sus ojos.

A. LE PREGUNTO...

... la mano de su hija.

B. LE PIDO...

... cuál es su dirección.

... SI LE GUSTA LA PELÍCULA.

... DÓNDE VIVE.

... pan y vino.

Weitere Verben mit Stammvokalveränderung

- Von den unten aufgeführten Verben werden **repetir**, **servir**, **medir** und **vestir** wie **pedir** konjugiert.
- **seguir** und **elegir** weisen jedoch Unregelmäßigkeiten auf, da in der Aussprache des Stamms in allen Personalformen das [g] bei **seguir** (**tú sigues**, **nosotros seguimos**) und das **Jota** bei **elegir** erhalten bleiben muss (**yo elijo**, **tú eliges**, **nosotros elegimos**). Die Orthografie des Stamms muss also immer angepasst werden.

elegir
wählen

repetir
wiederholen

servir
(be)dienen

medir
messen

seguir
folgen, weitermachen

vestir
anziehen, tragen

6 Ergänzen Sie jeweils das Verb **MEDIR**, **REPETIR**, **SERVIR** oder **VESTIR** in der passenden Konjugationsform.

a. El panadero .... al cliente.

b. ¿Me .... tu número de teléfono?

c. ¿Cuánto .... tu hermano?

d. Nosotros .... como nos gusta.

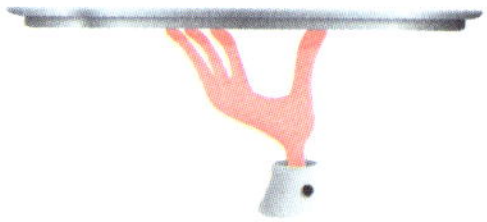

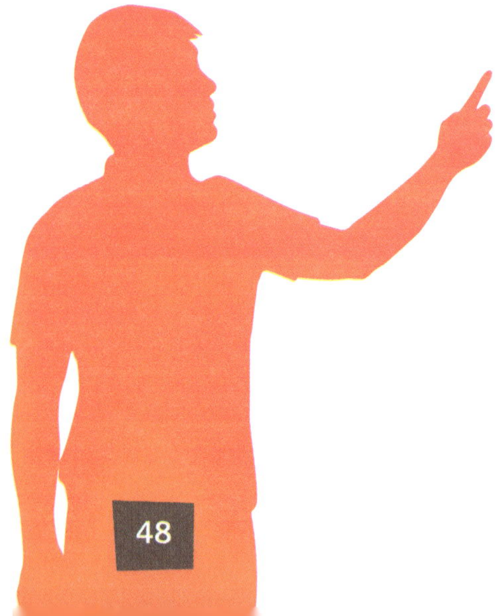

7 Sie sehen für jede Person jeweils drei Formen des Verbs **ELEGIR**. Markieren Sie in jeder Zeile die richtige Option.

Elejo	Elijo	Eligo
Elejes	Elegues	Eliges
Elege	Elegue	Elige
Elegimos	Elijimos	Eligimos
Elegís	Eligís	Elegéis
Eliguen	Eligen	Elejen

8 ... dieselbe Übung, allerdings mit SEGUIR.

Sego	Siguo	Sigo
Sigues	Siges	Segues
Segue	Sigue	Sije
Siguimos	Sigimos	Seguimos
Seguís	Siguís	Sejís
Seguen	Siguen	Sigen

9 Ergänzen Sie jeweils das Verb SEGUIR oder ELEGIR in der passenden Konjugationsform.

a. Mi perro me .... siempre.

b. .... a tus amigos pero no a tu familia.

c. Salimos pero yo .... el restaurante.

d. No estamos cansados : ¡.....................................!

Kontinuität und Veränderung

- Beginnt eine Handlung in der Vergangenheit und setzt sie sich bis in die Gegenwart fort, benutzt man die Konstruktion **seguir** + Gerundio: **¿Sigues viviendo en Madrid?** *Lebst du immer noch in Madrid?*; **¿Seguís jugando al fútbol?** *Spielt ihr immer noch Fußball?*
- Das Gegenteil, *nicht mehr*, drückt man mit **ya no** aus: **Ya no vivo en Madrid** *Ich wohne nicht mehr in Madrid.* **Ya no jugamos al fútbol** *Wir spielen nicht mehr Fußball.*

10 Formulieren Sie die Fragen so um, dass die Idee der Kontinuität ausgedrückt wird.

a. ¿Ves la película? ....

b. ¿Escucháis música? ....

c. Trabajamos en Madrid. ....

d. Corro por la tarde. ....

11 Übersetzen Sie.

a. Ich habe keine Freunde mehr.

....

b. Er mag das Schwimmen nicht mehr.

....

c. Wir schlafen nachmittags nicht mehr.

....

d. Sie essen kein Fleisch mehr.

....

Das Wetter

hacer calor *warm sein*
hacer frío *kalt sein*
llover* *regnen*
nevar* *schneien*

12 Schreiben Sie Fragen und Antworten nach dem Muster "... es immer noch?" – "Nein, es ... nicht mehr."

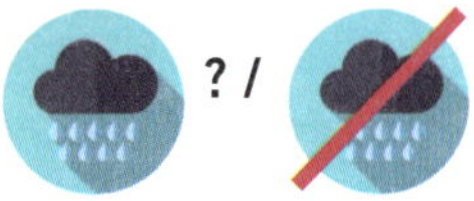

a. ¿ .... ?

b. ....

c. ¿ .... ?

d. ....

e. ¿ .... ?

f. ....

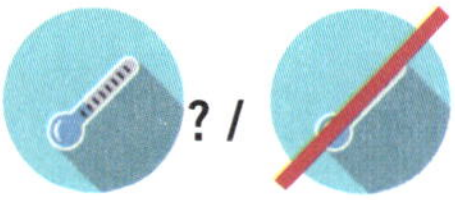

g. ¿ .... ?

h. ....

¡Buenísimo! Sie haben das 7. Kapitel geschafft! Bewerten Sie nun Ihre Übungsergebnisse. Tragen Sie die Resultate hier und auch in der Punktetabelle auf Seite 128 ein.

8

Ortsangaben und Besitzverhältnisse

Standort- und Richtungsangaben

- Hat das Verb sein die Bedeutung *sich befinden*, verwendet man **estar**, gefolgt von **en**: **¿Dónde estás?** *Wo bist du?* – **Estoy en casa** *Ich bin zu Hause.*
- Bewegungsverben wie **ir**, **venir**, **volver**, **salir** und **correr** folgt die Präposition **de** (Ausgangspunkt) bzw. **a** (Ziel): **Voy de Madrid a París** *Ich fahre von Madrid nach Paris.* **Salgo a pasear** *Ich gehe spazieren.*

Weitere Verben mit den Präpositionen de und a

acercarse *sich nähern* **bajar** *aussteigen* **subir** *einsteigen* **traducir** *übersetzen*

1 Ergänzen Sie die passende Konjugationsform von SER, ESTAR oder ESTAR EN.

a. ¿Quiénes .... tus padres?

b. ¿De dónde .... tus abuelos?

c. ¿Dónde .... los obreros?

d. Usted no .... la oficina.

e. Nosotros .... de Barcelona, pero .... viviendo en Madrid.

f. Tú .... estudiante y .... el instituto.

2 Kreuzen Sie die zum Verb passende Präposition an.

	A	AL	DE	DEL	EN
a. Los pasajeros bajan .... avión.					
b. Los obreros llegan .... la fábrica a las ocho de la mañana.					
c. El niño baja .... jugar.					
d. Me da miedo acercarme .... perro.					
e. Cervantes escribe Don Quijote .... español.					
f. Los traductores traducen Don Quijote .... español.					
g. Los traductores traducen Don Quijote .... inglés.					
h. El avión viene .... México.					
i. Es hora de subir .... avión.					

Die Räume des Hauses

la buhardilla
Dachboden

la cocina
Küche

el comedor
Esszimmer

el cuarto de baño
Badezimmer

el dormitorio
Schlafzimmer

el salón
Wohnzimmer

a la derecha
rechts

a la izquierda
links

en medio
in der Mitte

la planta baja
Erdgeschoss

la primera planta
erste Etage

la segunda planta
zweite Etage

3 Tragen Sie die Bezeichnungen für die Räume in das Kreuzworträtsel ein.

4 Tragen Sie die den Räumen zugeordnete Zahl an der entsprechenden Stelle im Haus ein.

5 Beschreiben Sie die genaue Lage der einzelnen Räume, indem Sie die Richtung, die Etage usw. angeben.

a. ....
....

b. ....
....

c. ....
....

d. ....
....

e. ....
....

f. ....
....

Ortsangaben

- Sie können die Position von Personen oder Objekten entweder anhand von Adverbien oder mittels Präpositionen angeben: **Vive al lado** *Er wohnt nebenan.* **Vive al lado del instituto** *Er wohnt neben dem Gymnasium.*
- Anders als im Deutschen sind die Präpositionen immer Doppelpräpositionen, d. h. sie werden durch **de** ergänzt: **Estoy delante** *Ich bin vorn.* **Estoy <u>delante de</u> él** *Ich bin vor ihm.*

Ortsadverbien und -präpositionen

al lado (de)
nebenan, neben

delante (de)
vorne, vor

dentro (de)
innerhalb, in

detrás (de)
dahinter, hinter

encima (de)
oben, auf

entre
zwischen

fuera (de)
draußen, außerhalb

debajo (de)
darunter, unter

Mobiliar

la cama
Bett

el espejo
Spiegel

el frigorífico
Kühlschrank

la mesa
Tisch

la puerta
Tür

la silla
Stuhl

el sillón
Sessel

la ventana
Fenster

Demonstrativadjektive

Das System der Demonstrativadjektive umfasst drei Stufen und schließt die Adverbien **aquí**, **ahí** und **allí** ein.

	nah beim Sprecher	weiter weg vom Sprecher (oder nah beim Zuhörer)	weiter entfernt vom Sprecher und vom Zuhörer
Demonstrativadjektive	**este hombre** *dieser Mann hier* **esta mujer** *dieser Frau hier* **estos hombres** *diese Männer hier* **estas mujeres** *diese Frauen hier*	**ese niño** *dieser Junge da* **esa niña** *dieses Mädchen da* **esos niños** *diese Jungen da* **esas niñas** *diese Mädchen da*	**aquel amigo** *jener Freund dort* **aquella amiga** *jene Freundin dort* **aquellos amigos** *jene Freunde dort* **aquellas amigas** *jene Freundinnen dort*
Adverbien	**aquí** *hier*	**ahí** *da*	**allí** *dort*

6 **Nehmen Sie sich einen Moment Zeit, um noch einmal die wichtigen Begriffe dieser Lektion zu wiederholen. Formulieren Sie dann Sätze, in denen Sie die Position der Katze in Bezug auf die abgebildeten Gegenstände beschreiben.**

A

B

C

D

E

F

G

H

a. ....

b. ....

c. ....

d. ....

e. ....

f. ....

g. ....

h. ....

Tiere

la ardilla *Eichhörnchen*	**el gato** *Katze*	**el pez rojo** *Goldfisch*
el conejo *Hase*	**el papagayo** *Papagei*	**la tortuga** *Schildkröte*
la cotorra *Sittich*	**el perro** *Hund*	

7 Ihr Kind wünscht sich ein Haustier. Ergänzen Sie die Aussagen anhand der Abbildungen, von der nächsten bis zur entferntesten, nach dem Muster "Ich möchte diese Eichhörnchen hier."

hier

da

dort

a. Quiero .... , ...

b. Quiero .... , ...

c. Quiero .... , ...

8 Formulieren Sie weitere Sätze nach demselben Muster.

hier

da

dort

a. Quiero .... , ...

b. Quiero .... , ...

c. Quiero .... , ...

Besitzverhältnisse

- In der 1. und 2. Person Plural passt sich das Possessivadjektiv im Genus an das Nomen an: **nuestro amigo** *unser Freund*; **vuestra amiga** *eure Freundin*.
- Den Possessivpronomen stellt man den Artikel voran: **Es el mío** *Das ist meiner.* **Es la tuya** *Das ist deine.*
- Besitzverhältnisse werden mit **ser de** *gehören* ausgedrückt: **¿De quién es el perro?** *Wem gehört der Hund?*
- In der Antwort kann man den Besitzer nennen oder das Possessivpronomen ohne Artikel verwenden: **Es de Pedro** *Er gehört Pedro.* **Es suyo** *Es ist seiner.* **Es mío** *Es ist meins.*

Adjektiv	Pronomen
mi(s)	**el (los) mío(s)** **la(s) mía(s)**
tu(s)	**el (los) tuyo(s)** **la (las) tuya(s)**
su(s)	**el (los) suyo(s)** **la (las) suya(s)**
nuestro(s) **nuestra(s)**	**el (los) nuestro(s)** **la (las) nuestra(s)**
vuestro(s) **vuestra(s)**	**el (los) vuestro(s)** **la (las) vuestra(s)**
su(s)	**el (los) suyo(s)** **la (las) suya(s)**

9 Wem gehören diese Tiere? Ergänzen Sie das passende Demonstrativadjektiv bzw. Adverb.

a. ¿ .... pez rojo, aquí?

b. ¿ ....esas tortugas, ...?

c. ¿.. papagayo, allí?

10 Übersetzen Sie die Antworten zur vorherigen Übung.

a. Er gehört uns. ....

b. Sie gehören ihnen. ....

c. Er gehört dir. ....

¡Qué guay! Sie haben das 8. Kapitel geschafft! Bewerten Sie nun Ihre Übungsergebnisse. Tragen Sie die Resultate hier und auch in der Punktetabelle auf Seite 128 ein.

9

Vergleiche, Datums-, Größen- und Mengenangaben

Zahlen ab 100

- Von *101* bis *199* wird **cien** zu **ciento**: **ciento uno** *101*, **ciento dos** *102* ..., **ciento noventa y nueve** *199*.
- Ab *200* werden die Hunderterzahlen an das Genus des Nomens angepasst: **trescientos hombres y trescientas mujeres** *300 Männer und 300 Frauen*.
- **Mil** *tausend* ist unveränderlich: **dos mil** *2.000*; **veinte mil** *20.000*; **cuatrocientos mil** *400.000*.
- **Un millón** bedeutet *Million*; **mil millones** entspricht einer *Millarde*.
- **Cien** bleibt vor Zahlen, die es vervielfacht, unverändert: **cien mil** *100.000*; **cien millones** *100.000.000*.

Hunderter und Tausender

doscientos, as *200*	**setecientos, as** *700*
trescientos, as *300*	**ochocientos, as** *800*
cuatrocientos, as *400*	**novecientos, as** *900*
quinientos, as *500*	**mil** *1 000*
seiscientos, as *600*	**dos mil** *2 000*

1 **Streichen Sie die überflüssigen Zahlen, so dass die links angegebenen Zahlen stehen bleiben. Beispiel:** doscientos quince.
14253175

a. seiscientos cuarenta y seis.......5 6 8 4 1 2 6 4

b. quinientos dos........................2 0 5 3 1 0 2 0

c. novecientos setenta y tres..........7 9 7 4 0 1 3 1

d. ochocientos noventa 8 1 0 7 2 0 9 0

e. setecientos doce......................1 7 3 6 0 2 1 2

2 Übersetzen Sie und schreiben Sie die Zahlen aus.

a. Ich habe 350 Freunde auf Facebook. ....

b. Sie ist 122 Jahre alt. ....

c. Ich lese 230 Romane in einem Jahr. ....

d. Sie haben 465 Fotos von ihrer Tochter. ....

3 Schreiben Sie die Bevölkerungszahlen aus (Stand 2016).

a. Brasil tiene 205 638 000 habitantes. ....

b. Indonesia tiene 258 705 000 habitantes. ....

c. Estados Unidos tiene 324 757 000 habitantes. ....

d. India tiene 1 330 783 000 habitantes. ....

e. China tiene 1 374 900 000 habitantes. ....

f. La Tierra tiene 7 432 663 000 habitantes. ....

Gewicht, Größe, Entfernung und Fläche

- Das Gewicht und die Größe werden mit **pesar** *wiegen* und **medir** *messen* ausgedrückt: **¿Cuánto pesas?** *Was wiegst du?*; **Peso setenta y nueve kilos** *Ich wiege 79 Kilo.* **¿Cuánto mide usted?** *Wie groß sind Sie?* **Mido un metro ochenta** *Ich bin 1,80 Meter groß.*
- Flüssigkeiten misst man in **litros** *Liter.* Wie bei Uhrzeiten verwendet man **medio** *halb*: **un litro y medio** *1,5 Liter.*
- Für *Viertel* benutzt man **cuarto**: **un cuarto de litro** *ein Viertelliter.* Achtung bei **medio litro** *halber Liter*, das ohne Artikel gebraucht wird.

Maßeinheiten

el kilo
Kilo

el gramo
Gramm

el metro
Meter

el centímetro
Zentimeter

el kilómetro
Kilometer

el kilómetro cuadrado
Quadratkilometer

el litro
Liter

4 Ordnen Sie die Satzanfänge den passenden Abschlüssen zu. Schreiben Sie die Zahlen aus.

384 000 km

El jugador de baloncesto mide

La distancia entre la Tierra y la Luna son

Un bebé elefante pesa

120 K

Francia tiene una superficie de

2,13 M

643 800 km^2

a. ....

b. ....

c. ....

d. ....

5 Beschriften Sie die Bilder. Geben Sie die Füllmenge/das Gewicht und das Lebensmittel an.

a. 

....
....
....

b. 

....
....
....

c. 

....
....
....

d. 

....
....
....

e. 

....
....
....

Geld und Preise

- *Geld* heißt **el dinero**, die Währung in Spanien sind der **euro** *Euro* und **céntimos** *Cent*. Nach dem Preis fragt man mit **costar*** *kosten*: **¿Cuánto cuesta este libro?** *Wie viel kostet dieses Buch?*
- Wie überall gibt es auch in Spanien eine Kurzform, um eine Summe zu nennen: **Cuesta quince euros noventa / quince noventa**. Sehr üblich ist es auch, zwischen dem Euro- und dem Centbetrag **con** einzufügen: **Cuesta quince con noventa** *Das kostet 15,90 €.*

6 Fragen Sie nach dem Preis (Wie viel kostet dieser/diese/dieses ...?) und antworten Sie (Er/sie/es kostet ...). Schreiben Sie die Preise aus.

190 000 euros

0,25 euros

85,50 euros

a. ¿ .... ?

b. ....

c. ¿ .... ?

d. ....

e. ¿ .... ?

f. ....

Datumsangaben

- Man kann die Wochentage auf zwei Arten ausdrücken, mit **ser** oder mit **estar a** in der 1. Person Plural: **¿Qué día es?** *Welcher Wochentag ist heute?* **Hoy es lunes** *Heute ist Montag.* **¿A qué día estamos?** *Welchen Wochentag haben wir?* **Estamos a lunes** *Wir haben Montag.*
- Für das vollständige Datum setzt man die Präposition **de** vor den Monat und vor das Jahr: **El veintiuno de julio de mil novecientos sesenta y nueve** *der 21. Juli 1969.*

Monate und Jahreszeiten

enero *Januar*	**mayo** *Mai*	**septiembre** *September*	**la primavera** *Frühling*
febrero *Februar*	**junio** *Juni*	**octubre** *Oktober*	**el verano** *Sommer*
marzo *März*	**julio** *Juli*	**noviembre** *November*	**el otoño** *Herbst*
abril *April*	**agosto** *August*	**diciembre** *Dezember*	**el invierno** *Winter*

7 Ergänzen Sie den Monatsnamen oder die Jahreszeit.

a. .... comienza en septiembre.

b. El invierno comienza en ....

c. El verano comienza en ....

d. .... comienza en marzo.

8 Ergänzen Sie die Fragen nach dem Datum und antworten Sie.

a. ¿Qué ....?

b. ....

e. ¿ .... es?

f. ....

c. ¿A qué ....?

d. ....

g. ¿ .... estamos?

h. ....

9 **Ordnen Sie die Daten den historischen Ereignissen zu. Schreiben Sie die Datumsangaben aus.**

14/07/1789 • 12/10/1492 • 08/05/1945

a. Descubrimiento de América : el ....
....
....

b. Toma de la Bastilla : el ....
....
....

c. Fin de la Segunda Guerra Mundial : el ....
....
....

Komparativ

- Zur Bildung des Komparativs der Über- bzw. Unterlegenheit verwendet man **más** *mehr* bzw. **menos** *weniger*: **Eres más alto que yo** *Du bist größer als ich.* **Soy más bajo que mi hermano** *Ich bin kleiner als mein Bruder.*
- Der Komparativ der Gleichheit hat zwei Formen: **tan** + Adjektiv + **como** und **tanto(s)/tanta(s)** + Nomen + **como**: **Es tan alto como yo** *Er ist so groß wie ich.* **Tengo tantas amigas como amigos** *Ich habe so viele Freundinnen wie Freunde.*

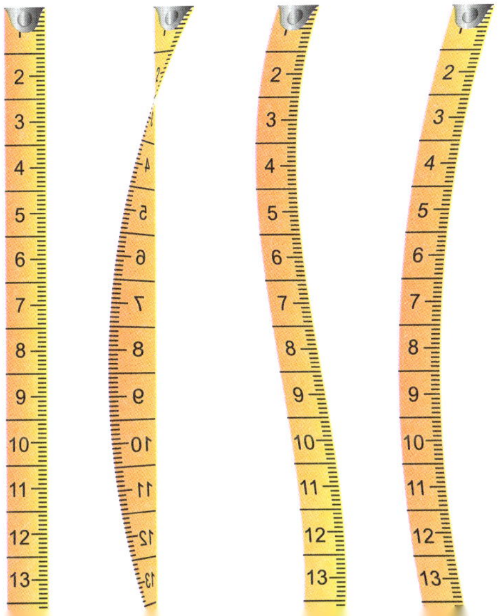

Gegensätze

pesado *schwer*	**ligero** *leicht*
lejos *weit*	**cerca** *nah*
caro *teuer*	**barato** *preiswert*

10 Streichen Sie jeweils das nicht zutreffende Adjektiv.

a. El Sol está más [cerca / lejos] de la Tierra que la Luna.

b. La ropa es menos [cara / barata] que el pan.

c. Berlín está menos [lejos / cerca] de París que Londres.

d. Un coche es más [pesado / ligero] que una moto.

e. La carne es menos [pesada / ligera] que la fruta.

f. El champán es más [caro / barato] que la leche.

11 Ergänzen Sie den passenden Komparativ der Gleichheit.

TANTAS   TANTOS   TANTO   TAN   TANTA

a. Tengo... dinero como él.

b. Enero es .... frío como febrero.

c. Abril tiene .... días como junio.

d. La naranja tiene .... vitamina C como el limón.

e. No como .... manzanas como peras.

¡Eso es! Sie haben das 9. Kapitel geschafft! Bewerten Sie nun Ihre Übungsergebnisse. Tragen Sie die Resultate hier und auch in der Punktetabelle auf Seite 128 ein.

10

Ausdrücken von Kenntnissen, Gefühlen und Gedanken

Die Verben *wissen* und *kennen* und ihr Konjugationsmodell

- **saber** *wissen* und **conocer** *kennen* sind sehr gebräuchliche Verben, die Unregelmäßigkeiten aufweisen.
- Die 1. Person Singular von **saber** lautet **sé** *ich weiß*; die restliche Konjugation folgt dem Muster der Verben auf **-er**.
- **Conocer** dient als Modell für eine ganze Reihe von Verben, und zwar die auf **-acer**, **-ecer**, **-ocer** und **-ucir**. Ihre Gemeinsamkeit ist, dass sie in der 1. Person Singular auf **-zco** enden (**conocer**: **conozco** *ich kenne*). Die restlichen Konjugationsformen sind regelmäßig.
- Unter den Ausnahmen kennen Sie bereits eine: **hacer** *machen* – **hago** *ich mache.*

saber *wissen*	**conocer** *kennen*	**parecer** *scheinen*	**conducir** *fahren, lenken*	**nacer** *geboren werden*
sé	conozco	parezco	conduzco	nazco
sabes	conoces	pareces	conduces	naces
sabe	conoce	parece	conduce	nace
sabemos	conocemos	parecemos	conducimos	nacemos
sabéis	conocéis	parecéis	conducís	nacéis
saben	conocen	parecen	conducen	nacen

1 Übersetzen Sie.

a. Ich weiß nicht, wer das ist. ....

b. Er weiß nicht, wer du bist. ....

c. Wissen Sie, wer ich bin? ....

d. Wisst ihr, wer sie sind? ....

e. Weißt du, wer wir sind? ....

2 Verwandeln Sie die Sätze aus Übung 1, indem Sie anstelle von SABER das Verb CONOCER verwenden. Beispiel: Ich weiß nicht, wer das ist. / Ich kenne ihn nicht.

a. ....

b. ....

c. ....

d. ....

e. ....

3 Ersetzen Sie SER bzw. ESTAR durch PARECER *scheinen*.

a. Es muy listo. ....

b. Sois tontos. ....

c. Están cansadas. ....

d. Estás sorprendida. ....

e. Somos buenos. ....

4 PARECERSE bedeutet *sich ähneln*. Es handelt sich also um ein reflexives Verb wie z. B. LLAMARSE *sich nennen*. Übersetzen Sie die Sätze.

a. Wie ähneln uns. ....

b. Sie ähneln sich. ....

c. Ihr ähnelt euch. ....

5 Bilden Sie Sätze auf der Grundlage der Tabelle. = steht für die Ähnlichkeit zwischen den Personen (PARECERSE A), X für die Verschiedenheit (NO PARECERSE A).

	mis padres	Javier
yo	=	X
tú	X	=
ella	=	X

a. ....
....
....

b. ....
....
....

c. ....
....
....

d. ....
....
....

e. ....
....
....

f. ....
....
....

6 Welches Fortbewegungsmittel lenken die Personen? Ergänzen Sie die passende Konjugationsform von CONDUCIR in der Duzform.

a. ¿ .... una moto?

b. No, ... un coche.

c. ¿ .... un avión?

d. No, ... un barco.

Verben für Sinneswahrnehmungen

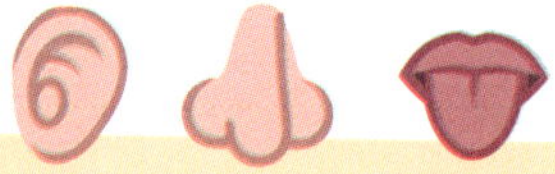

- Merken Sie sich neben **ver** *sehen* auch das regelmäßige **tocar** *berühren*. Die drei anderen Verben für Sinneswahrnehmungen haben einige Besonderheiten.
- **oír** *hören* endet in der 1. Person Singular auf **-go**; außerdem weist es in der 2. und 3. Person Singular und der 3. Person Plural ein eingeschobenes **y** auf. Hier die Konjugation:

oigo	*ich höre*
oyes	*du hörst*
oye	*er/sie hört*
oímos	*wir hören*
oís	*ihr hört*
oyen	*sie hören*

- **oler** *riechen* ist ein Verb mit Diphthongierung. Es schreibt sich in allen Personen außer in der 1. und 2. Person Plural mit einem **h** am Wortanfang.

huelo	*ich rieche*
hueles	*du riechst*
huele	*er/sie riecht*
olemos	*wir riechen*
oléis	*ihr riecht*
huelen	*sie riechen*

- Einige Konstruktionen und Verwendungsweisen: **¿No hueles?** *Riechst du (das) nicht?* **Huelen bien/mal** *Sie* (Pl.) *riechen gut/schlecht.* **Huele a flores** *Es riecht nach Blumen.* **Huelo a pescado** *Ich rieche/Es riecht nach Fisch.*
- **saber** *nach ... schmecken* ist ein Homonym von **saber** *wissen* und folgt derselben Konjugation. Es wird naturgemäß nur in den 3. Personen benutzt und mit der Präposition a kombiniert: **Sabe a chocolate** *Das schmeckt nach Schokolade.* **Estos helados saben a limón** *Diese Eiscremes schmecken nach Zitrone.*

7 **Bilden Sie Sätze, beginnend mit dem Element in der Mitte der Blüte. Übersetzen Sie dann die Sätze.**

a. ....
b. ....
c. ....
d. ....
e. ....
f. ....

8 **Übersetzen Sie die Sätze.**

a. Ihr riecht nach Wein.

....

b. Sie (höfl.) riechen nach Hund.

....

c. Ich rieche/es riecht nach Kaffee.

....

d. Diese Suppe schmeckt nach Knoblauch.

....

e. Diese Erdbeeren schmecken nicht nach Erdbeeren.

....

Weitere Verben für Sinneswahrnehmungen

- Hunger, Durst, Kälte, Wärme, … es gibt neben den fünf Sinnen auch noch weitere Sinneswahrnehmungen. Merken Sie sich, dass das Spanische z. B. *mir ist warm anders* ausdrückt als wir: **Tengo calor**, wörtlich *Ich habe Wärme.*
- Um den Ausdruck der Empfindung zu verstärken, verwendet man nicht sehr, sondern ein Adjektiv (**mucho**, **mucha**, **muchos**, **muchas**), das sich an das Nomen angleicht. Beachten Sie, dass **calor** wie fast alle Nomen auf **-or** männlich ist: **el calor** *die Wärme.*

Empfindungen

tener calor *jmdm. ist es warm*	**tener hambre** *Hunger haben*
tener frío *jmdm. ist es kalt*	**tener sed** *Durst haben*
tener ganas *Lust haben*	**tener sueño** *müde sein*

9 Beschreiben Sie die Abbildungen in der 1. Person Singular in der intensivierten Form (*sehr*).

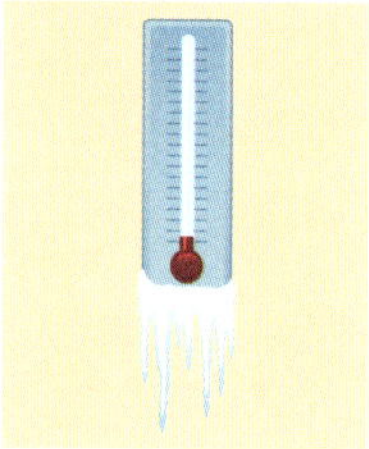

a. ....

b. ....

c. ....

d. ....

e. ....

10 Formulieren Sie die Sätze c, d und e aus Übung 9 unter Verwendung von *Lust haben zu* um.

a. ....

b. ....

c. ....

Meinung, Zustimmung, Widerspruch

- In der Wortschatzliste rechts finden Sie verschiedene Vokabeln, mit denen Sie eine Meinung ausdrücken können. Beachten Sie die Kombination der Präposition **con** *mit* mit den Pronomen *ich* und *du*: **Estoy de acuerdo contigo** *Ich stimme dir zu.* **No estás de acuerdo conmigo** *Du stimmst mir nicht zu.*
- Kurze Floskeln, die Zustimmung oder Widerspruch ausdrücken, variieren je nach der Art der Aussage, auf die sie sich beziehen: **Tengo hambre** *Ich habe Hunger.* **Yo también** *Ich auch.* **Yo no** *Ich nicht.* **No tengo sed** *Ich habe keinen Durst.* **Yo tampoco** *Ich auch nicht.* **Yo sí** *Aber ich.* **Me gusta comer** *Mir gefällt es zu essen.* **A mí también** *Mir auch.* **A mí no** *Mir nicht.* **No me gusta beber** *Ich trinke nicht gerne.* **A mí tampoco** *Ich auch nicht.* **A mí sí** *Ich aber.*

Meinungsverben

creer
glauben

pensar*
denken, meinen

me parece
es scheint mir

estar de acuerdo (con)
einverstanden sein (mit)

estar a favor (de)
für … sein

estar en contra (de)
gegen … sein

11 Übersetzen Sie den Dialog.

Pedro – Was denkst du über Stierkämpfe? ....

Gloria – Ich bin dagegen. Und du? ....

Pedro – Ich bin dafür. Es scheint mir, dass die Stierkämpfer mutig sind.

....

Gloria – Ich stimme dir nicht zu: Ich glaube, dass sie Feiglinge sind!

....

12 Verfassen Sie zu jeder Aussage eine Zustimmung (a.) und einen Widerspruch (b.).

Me encantan las corridas.

a. ....

b. ....

No me gustan los animales.

c. ....

d. ....

Estoy a favor de las corridas.

e. ....

f. ....

No voy a ver corridas.

g. ....

h. ....

¡Maravilloso! Sie haben das 10. Kapitel geschafft! Bewerten Sie nun Ihre Übungsergebnisse. Tragen Sie die Resultate hier und auch in der Punktetabelle auf Seite 128 ein.

11

Satztypen – Fragen, Aussagen, Negation, Ausrufe

Wichtiges zu Fragesätzen

- Ob ein Satz ein Fragesatz ist, wird durch die Zeichensetzung bestimmt: **¿Es tu hermano el chico que canta?/ El chico que canta, ¿es tu hermano?** *Der Junge, der singt, ist dein Bruder?*
- Die Fragewörter tragen alle einen Akzent, auch wenn sie in indirekten Aussagen vorkommen: **No sé qué hacer** *Ich weiß nicht, was ich machen soll.*
- Unterscheiden Sie das Fragewort **¿por qué?** *warum?* (zwei Wörter) von der Konjunktion **porque** *weil*: **Estoy cansado porque trabajo mucho** *Ich bin müde, weil ich viel arbeite.*

Fragepronomen

¿Cómo...?
Wie ... ?

¿Cuál, cuáles...?
Welcher, welche, welches ... ?

¿Cuándo...?
Wann ... ?

¿Cuánto(s), cuánta(s)...?
Wie viele ... ?

¿Dónde...?
Wo ... ?

¿Por qué...?
Warum ... ?

¿Qué...?
Was ... ?

¿Quién, quiénes...?
Wer ... ?

1 Schreiben Sie in der Duzform (Singular oder Plural) die zur Antwort passende Frage, so dass diese auf den unterstrichenen Satzteil abstellt.

a. Dormimos ocho horas al día.

....

b. Suelo desayunar café con leche.

....

c. Mi fruta preferida es el plátano.

....

d. Los sábados salgo con un amigo del instituto.

....

e. Nos gusta ir a España en septiembre.

....

2 Übersetzen Sie die Sätze.

a. Sie wissen nicht, woher wir stammen (sind).

....

b. Ich frage mich, wie es ihm geht.

....

c. Ich weiß, wer seine Freunde sind.

....

d. Er fragt sich, wie viel das kostet.

....

e. Ich weiß nicht, wann ich nach Spanien werde fahren können.

....

3 Ergänzen Sie POR QUÉ oder PORQUE.

a. - ¿Sabes .... me gusta España?
- No, no sé ....
- .... la gente es muy simpática.

b. - Me pregunto .... comes tanto.
- ¿Quieres saber ....?
- Lo sé, lo sé: .... tienes mucha hambre, ¿no?

Verneinung

- **No** bedeutet nicht nur *nein*, sondern verneint auch ein Verb: **no quiero** *ich möchte nicht*. Merken Sie sich auch die umgangssprachlichen Floskeln **de ninguna manera** *unter keinen Umständen, auf keinen Fall* und **por supuesto que no** *natürlich nicht*.
- Achtung: **en absoluto** ist ein falscher Freund, denn es bedeutet *keineswegs, überhaupt nicht*: **¿Me crees? – En absoluto!** *Glaubst du mir? – Überhaupt nicht!*

4 Beantworten Sie die gestellte Frage spontan auf drei verneinende Arten.

¿Estáis de acuerdo conmigo?

a. ¡Por ....!

b. ¡En ....!

c. ¡De ....!

Bildung affirmativer und negativer Sätze

- Im Spanischen findet man häufig die doppelte Verneinung. Dann steht ein Pronomen oder Adverb in der negierten Form nach einem negierten Verb: **No hay nada** *Es gibt nichts.*
- Das negierte Adverb kann auch vor dem Verb stehen. Die Satzaussage ist dann negativ, ohne dass eine doppelte Verneinung auftritt: **No duerme nadie** oder **Nadie duerme** *Niemand schläft.* **No salgo nunca** oder **Nunca salgo** *Ich gehe niemals aus.* **No lo sé tampoco** oder **Tampoco lo sé** *Ich weiß es auch nicht.*
- **Nada** und **algo** können über ein Ausmaß Auskunft geben: *gar nicht, ein wenig.* **No me gusta nada esta novela** *Ich mag diesen Roman überhaupt nicht.* **Es algo curioso** *Er ist ein bisschen neugierig.*
- **Alguien** und **nadie** bezeichnen Personen; daher geht ihnen, wenn sie Akkusativobjekt sind, die Präposition **a** voran: **Veo a alguien** *Ich sehe jemanden.* **No veo a nadie** *Ich sehe niemanden.*

Gegensätze

algo *etwas*	**alguien** *jemand*	**siempre** *immer*
nada *nichts*	**nadie** *niemand*	**también** *auch*
	nunca *niemals*	**tampoco** *auch nicht*

5 Drücken Sie auf zwei Arten das Gegenteil aus.

Hoy también va a llover.

a. ....

b. ....

Aquí siempre hace frío.

c. ....

d. ....

6 Ergänzen Sie NADA oder NADIE. Übersetzen Sie dann die Sätze.

a. No sé …………………… / ……………………………………………
b. …………………… cena en el cuarto de baño. / ……………………………………………
c. No quiero …………… / ……………………………………………
d. …………………………… me cree. / ……………………………………………
e. No escucha a ………… / ……………………………………………
f. No estoy ……………… contento. / ……………………………………………
g. No llueve ……………… / ……………………………………………
h. …………………………… me escucha. / ……………………………………………

7 Ergänzen Sie ALGO oder ALGUIEN. Übersetzen Sie dann die Sätze.

a. ¿Dices …………………… ? / ……………………………………………
b. ¿A …………………………… le gusta esta película? / ……………………………………………
c. ¿Vas a comer………… ? / ……………………………………………
d. ¿Ves …………………… ?/ ……………………………………………
e. Estoy saliendo con …………………… / ……………………………………………
f. ¿ …………………………… tiene sed? / ……………………………………………
g. ¿ …………………………… no está de acuerdo? / ……………………………………………
h. Está lloviendo ………… / ……………………………………………

Affirmative und negative unbestimmte Pronomen/Adjektive

Affirmative Verwendung

- **alguno(s)**, **alguna(s)** *irgendeiner, -eine, -welche* sind Pronomen oder Adjektive.
- **alguno** wird vor einem Maskulinum Singular zu **algún**: **¿Alguno sabe la respuesta?** *Weiß jemand die Antwort?* **Creo que algunas la saben** *Ich glaube, dass einige sie wissen.* **¿Practicas algún deporte?** *Treibst du irgendeinen Sport?* **¿Escuchas alguna música?** *Hörst du irgendeine Musik?* **Algunos niños son inteligentes** *Manche Kinder sind intelligent.* **Algunas tortugas viven cien años** *Manche Schildkröten leben 100 Jahre.*

Negierte Verwendung

- Mit den Pronomen **ninguno** *keiner* und **ninguna** *keine* sind zwei Konstruktionen möglich: **¿Ninguno de vosotros lo sabe? / ¿No lo sabe ninguno?** *Weiß es keiner von euch?* **Ninguna de mis amigas me llama/ No me llama ninguna** *Keine von meinen Freundinnen ruft mich an.*
- Tritt **ninguno** als Adjektiv auf, wird es im Maskulinum Singular zu **ningún**. **No practico ningún deporte** *Ich treibe keinen Sport.* **¿No tienes ninguna amiga?** *Hast du keine Freundin?*

Handel und Geschäfte

la carnicería
Metzgerei/Fleischerei

el centro comercial
Einkaufszentrum

la frutería
Obstladen/Obststand

los grandes almacenes
Kaufhaus

el mercado
Markt

la pescadería
Fischgeschäft

el supermercado
Supermarkt

la zapatería
Schuhgeschäft

8 Geben Sie für jeden Satz zwei Übersetzungen an.

Mag keine von euch Kaufhäuser?

a. ....

b. ....

Nein, keiner gefällt mir.

c. ....

d. ....

9 Sie suchen ein bestimmtes Geschäft. Ergänzen Sie die entsprechende Frage und antworten Sie verneinend: Gibt es ein/einen ...? – Nein, es gibt keine/n.

a. ¿ .... en esta calle?

b. No, ...

c. ¿.. por aquí?

d. No, ...

10 Streichen Sie die beiden falschen unbestimmten Adjektive und übersetzen Sie die Sätze.

a. *Keine meiner Töchter hat einen Horror vor Schuhgeschäften.*

A [alguna – ninguna – algunas] de mis hijas le horroriza una zapatería. ....

b. *Manche Kaufhäuser sind traurig.*

[Algún – Algunos – Ningún] .... son tristes.

c. *Manche Fischläden riechen schlecht.*

[Alguna – Algunas – Algún] .... huelen mal.

d. *In (unserer) Umgebung gibt es keinen Markt.*

No hay [algún – alguno – ningún] .... cerca de casa.

e. *Kennen Sie ein Einkaufszentrum hier in der Nähe?*

¿Conoce [algún – alguno – ningún] .... cerca de aquí?

f. *Kennst du die Adresse irgendeines guten Obstladens?*

¿Sabes la dirección de [algún – alguno – alguna] .... ?

Ausrufe

- Ausrufe, die auf eine Qualität abstellen, werden mit **¡Qué...!** vor dem Nomen eingeleitet. Ausrufe mit **¡cuánto(s), ¡cuánta(s)!** beziehen sich auf ein Ausmaß oder eine Menge: **¡Qué casa!** *Was für ein Haus!*; **¡Qué frío!** *Was für eine Kälte!*; **¡Cuántos gatos!** *Was für eine Menge Katzen!*
- Vor einem Verb kann der Ausruf mit **¡Cómo...!** oder **¡Cuánto...!** beginnen: **¡Cómo canta!** *Wie er singt!*; **¡Cuánto come!** *Wie er isst!*
- Bei der Kombination Nomen + Adjektiv findet man häufig die umgangssprachliche Wendung **¡qué** + Nomen + **más** + Adjektiv!: **¡Qué pan más bueno!** *Was für ein gutes Brot!*
- Bildet der Ausruf einen kompletten Satz, ist der Satzbau wie in diesen Beispielen gezeigt (das Subjekt steht, sofern es vorhanden ist, am Satzende): **¡Qué alto es!** *Wie groß er ist!*; **¡Qué casa más grande tienes!** *Was für ein großes Haus du hast!*; **¡Cuántos gatos tiene Elisa!** *Wie viele Katzen Elisa hat!*; **¡Cómo bebe el hermano de Juan!** *Wie viel er trinkt, der Bruder von Juan!*

Bekleidung

ancho(a) *weit*
la camisa *Hemd*
la camiseta *T-Shirt*
el chándal *Jogginganzug*
las deportivas *Turnschuhe*
estrecho(a) *eng*
la falda *Rock*
gastar *ausgeben*
el pantalón *Hose*
quedar (bien, mal...) *passen (gut, schlecht, ...)*
los vaqueros *Jeans*
el vestido *Kleid*
el zapato *Schuh*
la cazadora *Jacke*

11 Lang, kurz, weit, eng? Bilden Sie kurze Ausrufe ohne Verb, in denen Sie das Kleidungsstück beschreiben.

a. ¡.................. .... !

b. ¡................ .... !

c. ¡ .... !

d. ¡ .... !

12 Ergänzen Sie die Ausrufe durch den passenden Satzanfang.

a. ¡................................ gastas en camisas!

b. ¡................................ caros son estos pantalones!

c. ¡................................ zapatos tiene mi vecina!

d. ¡................................ mal te queda esta falda!

e. ¡................................ te gusta comprar ropa!

13 Übersetzen Sie die Ausrufe.

a. Wie gut mir diese Schuhe stehen!

....

b. Wie viel Geld du für Jeans ausgibst!

....

c. Wie viele Turnschuhe mein Bruder hat!

....

d. Was für einen hässlichen Jogginganzug Juan hat!

....

e. Wie sehr ich deine Jacke liebe!

....

¡Qué bien! Sie haben das 11. Kapitel geschafft! Bewerten Sie nun Ihre Übungsergebnisse. Tragen Sie die Resultate hier und auch in der Punktetabelle auf Seite 128 ein.

12

Glückwünsche, Wünsche, Anliegen und Ratschläge ausdrücken

Glückwunschfloskeln

- Die meisten spanischen Glückwunschfloskeln sind kurz und prägnant: **Feliz cumpleaños** *Herzlichen Glückwunsch zum Geburtstag*, das Sie sogar singen können: **Cumpleaños feliz** (zweimal), **te deseamos todos: cumpleaños feliz.**
- Die Glückwunschfloskeln in der Wortschatzliste sind weitgehend selbsterklärend. Beachten Sie: Der Willkommensgruß kann in Genus und Numerus angepasst werden: **Bienvenido(s)** = Maskulinum Singular bzw. Plural, **bienvenida(s)** = Femininum Singular bzw. Plural.
- Mit **Felicidades** wünschen Sie einem Freund *Alles Gute* zum Geburts- oder Namenstag, wobei der Namenstag, **el santo**, in Spanien eine fast ebenso wichtige Rolle spielt wie der Geburtstag.
- **Salud** kann sowohl angewandt werden, wenn man sich zuprostet, als auch als Antwort an eine Person, die niest: *Gesundheit!*

Glückwünsche

¡Bienvenida(s), bienvenido(s)!
Willkommen!

¡Buen provecho! / ¡Que aproveche!
Guten Appetit!

¡Buen viaje!
Gute Reise!

desear
wünschen

¡Enhorabuena!
Gratulation!

¡Felicidades!
Alles Gute!/Glückwunsch!

¡Feliz año!
Gutes neues Jahr!

¡Feliz cumpleaños!
Herzlichen Glückwunsch zum Geburtstag!

¡Felices fiestas!
Frohe Weihnachten!

¡Feliz Navidad!
Frohe Weihnachten!

¡Salud!
Prost!/Gesundheit!

¡Suerte!
Viel Glück!

1 Schreiben Sie unter jede Abbildung die passende (Glückwunsch-)floskel.

a. ....

c. ....

e. ....

b. ....

d. ....

f. ....

2 Vielleicht möchten Sie Ihre Glückwünsche mit *sehr*, *ganz* verstärken?

a. Ich wünsche dir ganz viel Glück.

....

b. Wir gratulieren dir sehr herzlich zum Geburtstag/Namenstag.

....

3 Im Spanischen benutzt man zum Ausdrücken von Glückwünschen oder für den Willkommensgruß das Verb DAR *geben*. Übersetzen Sie:

a. Ich gratuliere dir.

....

b. Wir heißen Sie willkommen.

....

Quiero que... Ich möchte, dass ... / Deseo que... Ich wünsche, dass ...

- Um Gefühle, Wünsche, die eigene Meinung oder Zweifel in komplexen Sätzen (Haupt- und Nebensatz) zu äußern, benutzen Sie den spanischen **Subjuntivo**, eine Form, die das Deutsche nicht kennt.
- Im **Subjuntivo** des Präsens ändert sich der Vokal in der Personalendung: Bei den Verben auf **-ar** lautet er **-e**; die Endungen der Verben auf **-er** und **-ir** erhalten ein **-a**.

Präsensformen des regelmäßigen Subjuntivo

trabajar	comer	vivir
trabaje	coma	viva
trabajes	comas	vivas
trabaje	coma	viva
trabajemos	comamos	vivamos
trabajéis	comáis	viváis
trabajen	coman	vivan

4 Ergänzen Sie die fehlenden Konjugationsformen im SUBJUNTIVO.

infinitivo	....	....	....
yo	....	....	....
tú	....	leas	....
él/ella	....	....	....
nosotros/as	....	....	hablemos
vosotros/as	escribáis	....	....
ellos/as	....	....	....

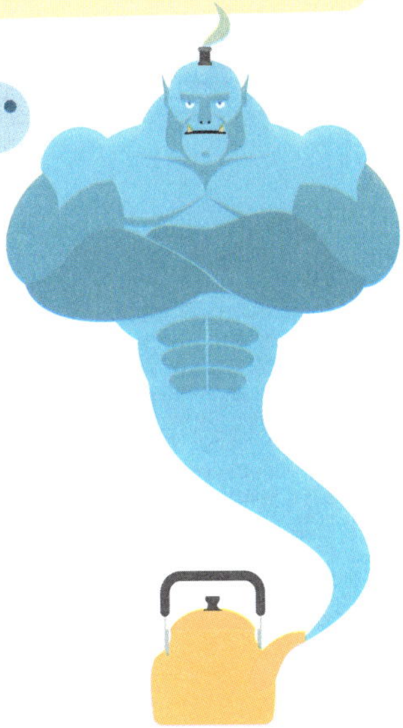

5 Streichen Sie jeweils die falsche Verbform.

a. Quiero que [llamamos] [llamemos] a nuestro hijo Andrés.
b. No quiero que [corras] [corres] cuando conduces.
c. Queremos que nos [escuchas] [escuches].
d. Tu madre desea que no [gastáis] [gastéis] tanto en ropa.
e. Deseo que mis padres me [crean] [creen].
f. No quiere que [subamos] [subimos] a la buhardilla.
g. Deseamos que [vivís] [viváis] felices.

Weitere Verwendungsweisen und Unregelmäßigkeiten des Subjuntivo

- Der **Subjuntivo** muss in Nebensätzen angewandt werden, wenn …
  - ein Ziel oder Zweck ausgedrückt wird: **Te doy su número para que lo llames** *Ich gebe dir seine Nummer, damit du ihn anrufst.*
  - ein Gefühl geäußert wird: **No me gusta que hables mal de ella** *Es gefällt mir nicht, dass du schlecht von ihr sprichst.*
  - das im Hauptsatz enthaltene Verb eine Meinung in der verneinten Form ausdrückt: **No creo que suba a París** *Ich glaube nicht, dass ich nach Paris fahren (hinauffahren) werde.*
- Der Stamm des Subjuntivo ist die 1. Person Singular Präsens Indikativ. Ist das Verb regelmäßig, ist die Bildung einfach. Ist das Verb jedoch in dieser Person unregelmäßig, setzt sich die Unregelmäßigkeit des Subjuntivo in allen Formen fort. Dies betrifft die Verben mit der Endung **-go** und **-zco** in der 1. Person Singular und die Verben mit Stammvokalveränderung.

Indikativ Präsens

decir	conducir	pedir
digo	conduzco	pido
dices	conduces	pides
dice	conduce	pide
decimos	conducimos	pedimos
decís	conducís	pedís
dicen	conducen	piden

Subjuntivo Präsens

decir	conducir	pedir
diga	conduzca	pida
digas	conduzca	pidas
diga	conduzca	pida
digamos	conduzcamos	pidamos
digáis	conduzcáis	pidáis
digan	conduzcan	pidan

6 **Formulieren Sie die Sätze so um, dass das Verb des Hauptsatzes verneint ist.**

a. Creo que siguen viviendo en Madrid.

……………………………………………………………………

b. Pienso que mide más de dos metros.

……………………………………………………………………

c. Me parece que tenéis hambre.

……………………………………………………………………

7 Übersetzen Sie.

a. Es macht mir Angst, dass du ein Motorrad fährst.

....

b. Deinem Vater gefällt es nicht, dass du mit diesem Mädchen ausgehst.

....

c. Es ekelt mich an, dass du mit den Händen isst.

....

d. Ich schäme mich dafür, dass mein Großvater Jeans trägt.

....

e. Es freut uns, dass sie kommen.

....

f. Es tut mir weh, dass meine Großmutter mir nicht zuhört.

....

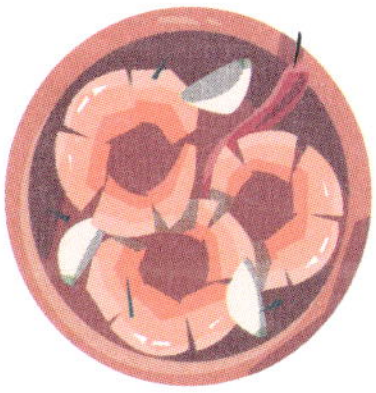

8 Ergänzen Sie das passende Verb.

TRADUZCA ELIGES DICES DIGAS ELIJAS TRADUZCO

a. Hablo español y francés y .... a los dos idiomas.

b. Entre la naranja y el limón, tú siempre .... el limón.

c. ¿No .... que es tu amigo?

d. Voy a llamar a Miguel para que me .... este libro.

e. Hay carne y pescado, para que .... lo que más te gusta.

f. Lo hace para que .... que es bueno contigo.

Spezielle Verwendungsweisen und weitere Besonderheiten des Subjuntivo

- Für Bitten, Aufforderungen und Empfehlungen benutzt man **que** + **Subjuntivo**: **Te pido que vengas** *Ich bitte dich zu kommen.* **Te digo que trabajes** *Ich fordere dich auf zu arbeiten.* **Te aconsejo que hagas deporte** *Ich empfehle dir, Sport zu treiben.*
- Verwechseln Sie nicht: **Me dice que trabaja** *Er sagt mir, dass er arbeitet* (Indikativ, Tatsache) und **Me dice que trabaje** *Er fordert mich auf zu arbeiten* (Subjuntivo, Aufforderung/Befehl).
- Was die Unregelmäßigkeiten des Subjuntivo betrifft, so verändert sich bei den Verben mit Diphthongierung der Stamm in denselben Personalformen wie beim Indikativ. Merken Sie sich weiterhin, dass bestimmte gängige Verben (**ser**, **estar**, **saber**, **ir**, **ver**) im Subjuntivo Präsens spezielle Formen haben.

Verben mit Diphthongierung / Spezielle Subjuntivo-Formen

pensar	ser	estar	saber	ir	ver
piense	sea	esté	sepa	vaya	vea
pienses	seas	estés	sepas	vayas	veas
piense	sea	esté	sepa	vaya	vea
pensemos	seamos	estemos	sepamos	vayamos	veamos
penséis	seáis	estéis	sepáis	vayáis	veáis
piensen	sean	estén	sepan	vayan	vean

Ländernamen

Alemania *Deutschland*
Francia *Frankreich*
Grecia *Griechenland*
Inglaterra *England*
Italia *Italien*
Portugal *Portugal*

9 **Übersetzen Sie.**

a. Le digo que duerme mucho.

....

b. Le digo que duerma mucho.

....

c. Mi mujer me dice que me despierto a las seis.

....

d. Mi mujer me dice que me despierte a las seis.

....

10 Egänzen Sie die Ratschläge bzw. Empfehlungen anhand der Abbildungen.

Te aconsejo que…

a. [visitar] ....

b. [ir a] ....

c. [ver] ....

Os recomiendo que…

d. [estar unos días en] ....

e. [vivir un año en] ....

f. [conocer] ....

11 Setzen Sie die passende Verbform im Indikativ oder Subjuntivo ein.

a. El profesor les pide a los alumnos que [saber]............. las conjugaciones españolas.

b. Yo le digo que no las [saber] .... bien porque soy francés.

c. Nos dice que estudiemos más y que no [ser]....................................tan perezosos.

d. Le decimos que [ser]..muy trabajadores.

¡Fenomenal! Sie haben das 12. Kapitel geschafft! Bewerten Sie nun Ihre Übungsergebnisse. Tragen Sie die Resultate hier und auch in der Punktetabelle auf Seite 128 ein.

13

Anordnungen, Befehle und Verbote

Umgangssprachliche Aufforderungen

Bevor wir uns näher mit dem Imperativ (Befehlsform) beschäftigen, sollten Sie wissen, dass es eine Form der Aufforderung gibt, die in einem vertrauten bzw. familiären Umfeld benutzt wird und die mit **a** + Infinitiv konstruiert wird: **¡A comer!** *Zu Tisch!*

1 Geben Sie diese Aufforderungen auf Spanisch wieder.

a. Abendessen!

....

b. Lass uns spielen!

....

c. Ab ins Bett!

....

d. An die Arbeit!

....

Befehle in der Duzform

- Es gibt den Imperativ in zwei Personalformen: 2. Person Singular (**Canta!** *Sing!*) und 2. Person Plural (**Cantad!** *Singt!*). Da die 2. Person grammatikalisch die Duzform ist, bewegen wir uns hier in einem vertrauten Kontext.
- Im Singular benutzt man die 2. Person Indikativ, aber ohne das **-s** am Ende. Im Plural verwendet man den Infinitiv und ersetzt das **-r** am Ende durch **-d**:

hablas, *du sprichst*	**¡habla!**, *sprich!*	**¡hablad!**, *sprecht!*
comes, *du isst*	**¡come!**, *iss!*	**¡comed!**, *esst!*
piensas, *du denkst*	**¡piensa!**, *denk!*	**¡pensad!**, *denkt!*
duermes, *du schläfst*	**¡duerme!**, *schlaf!*	**¡dormid!**, *schlaft!*
traduces, *du übersetzt*	**¡traduce!**, *übersetze!*	**¡traducid!**, *übersetzt!*
repites, *du wiederholst*	**¡repite!**, *wiederhole!*	**¡repetid!**, *wiederholt!*

2 Ergänzen Sie die fehlenden Imperativformen.

infinitivo	**desayunar**	....	....	....
tú	....	**lee**	....	**juega**
vosotros	....	....	**subid**	....

infinitivo	**volver**	....	....	**elegir**
tú	....	....	**oye**	....
vosotros	....	**conducid**	....	....

3 Ergänzen Sie die passenden Imperativformen aus der Tabelle in Übung 2. Achten Sie gut darauf, ob der Sprecher sich an eine Person (TÚ) oder an mehrere Personen (VOSOTROS) wendet.

a. .... este libro, te lo recomiendo.

b. Niños, ¡.............. bien! Es importante para estar en forma todo el día.

c. De acuerdo, ... al fútbol con vuestros amigos si queréis.

d. Me das miedo, ... más lento, por favor.

e. .... un poco la tele, Carmen, no se oye nada.

f. De acuerdo, estáis muy cansados: .... a casa y mañana seguimos.

g. ¿Carne o pescado? .... lo que más te gusta.

h. Silencio, ... bien lo que os voy a decir.

Unregelmäßige Imperativformen

Es gibt davon acht, aber die Unregelmäßigkeit tritt nur im Singular auf. Die 2. Person Plural folgt dem normalen Muster (Infinitiv + **-d** anstelle von **-r**).

infinitivo	hacer	poner	tener	salir	venir	decir	ser	ir
tú	**haz**	**pon**	**ten**	**sal**	**ven**	**di**	**sé**	**ve**
vosotros	**haced**	**poned**	**tened**	**salid**	**venid**	**decid**	**sed**	**id**

4 **Formulieren Sie die Aussagen als Aufforderungen im Singular oder Plural.**

a. Te recomiendo que salgas con tus amigos.

¡ .... !

b. Os aconsejo que vayáis a visitar el Prado.

¡ .... !

c. Te digo que hagas tu cama.

¡ .... !

d. Quiero que pongáis las sillas en el salón.

¡ .... !

e. Me gusta que vengas a casa a cenar.

¡ .... !

f. Os pido que seáis buenos.

¡ .... !

g. Quiero que siempre tengas café en casa.

¡ .... !

h. Deseo que digáis lo que pensáis.

¡ .... !

Imperativ und Personalpronomen

- Bei Verbindungen zwischen einem Imperativ und einem Personalpronomen wird dieses an den Imperativ angehängt; man bezeichnet das Pronomen dann als "Klitikon": **Ayúdame!** *Hilf mir!* Dieses Phänomen gibt es im Übrigen auch beim Imperativ: **llamarse** *heißen, sich nennen.*
- Das Klitikon hat eine Konsequenz: Hängt man eine Silbe an, wird ein Akzent gesetzt: **Léelo** *Lies es* (der Akzent verschiebt sich auf die vorvorletzte Silbe; daher muss man ihn schreiben).
- Folgen zwei Pronomen aufeinander, werden sie zusammengeschrieben. Dabei steht immer zuerst das Dativ- und danach das Akkusativpronomen: **Dámelo** *Gibt es mir (Gib mir es).*
- Achtung: Folgen zwei Pronomen in der 3. Person aufeinander, lautet das Dativpronomen nicht mehr **le** oder **les**, sondern **se**: Es heißt also nicht **le lo digo** oder **les lo digo**, sondern **se lo digo** *ich sage es ihm/ich sage es ihnen.* Im Imperativ wird daraus also **díselo** *sag es ihm/sag es ihnen.*

Auf dem Esstisch

lavar *spülen*	**los cubiertos** *Besteck*	**el cuchillo** *Messer*	**el plato** *Teller*	**el tenedor** *Gabel*
recoger *abräumen*	**la cuchara** *Löffel*	**el mantel** *Tischdecke*	**la servilleta** *Serviette*	**el vaso** *Glas*

5 Bilden Sie anhand der Abbildungen Imperativsätze in der Duzform (Singular). Achten Sie darauf, ob es sich um ein Objekt oder mehrere Objekte handelt.

a.  [recoger]

....

b. 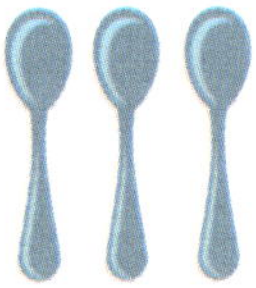 [lavar]

....

c. 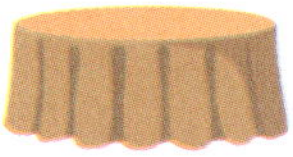 [poner]

....

d.  [tener]

....

6 Formulieren Sie die Imperative aus Übung 5 so um, dass das Akkusativobjekt durch das Personalpronomen ersetzt wird. Beispiel: Räum die Teller ab / Räum sie ab.

a. ....

b. ....

c. ....

d. ....

7 Bei Tisch werden Dinge hin- und hergereicht. Übersetzen Sie die Sätze und formulieren Sie sie dann so um, dass das Akkusativobjekt durch das Personalpronomen ersetzt wird.

Reich mir das Besteck.

a. ....

b. ....

Reich ihm das Messer.

c. ....

d. ....

Reich uns die Gläser.

e. ....

f. ....

Reich ihnen die Gabel.

g. ....

h. ....

Sonderfall: Imperativ der reflexiven Verben

- Im Singular folgen die reflexiven Verben dieser Regel: An die Verbform wird das Personalpronomen **te** angehängt: **Levántate!** *Steh auf!*
- Im Plural hingegen würde die normale Form **levantad** + **os** = **levantados** lauten, jedoch entfällt das **-d** und man erhält **Levantaos!** *Steht auf!*

8 Setzen Sie die Imperative in den Plural.

a. ¡Duérmete!

....

b. ¡Despiértate!

....

c. ¡Acuéstate!

....

Imperativ in der 1. Person Plural

- Auch in der 1. Person Plural kann man Aufforderungen oder Befehle formulieren. Man verwendet den Subjuntivo: **Comamos!** *Essen wir!*; **Cantemos!** *Singen wir!*
- Die reflexiven Verben haben eine Eigenart. Das **-s** am Ende der Verbform vor dem Pronomen entfällt: **Levantémo[s]nos** -> **Levantémonos!** *Stehen wir auf!*

9 Übersetzen Sie.

a. Wachen wir auf! ....

b. Decken wir den Tisch! ....

c. Essen wir! ....

d. Gehen wir schlafen! ....

Verbote

Verbote werden mit **no** + Subjuntivo ausgedrückt.

Duzform	Siezform
No hables, *Sprich nicht.*	**No hable, señor,** *Sprechen Sie nicht, mein Herr.*
No habléis, *Sprecht nicht.*	**No hablen, señores,** *Sprechen Sie nicht, meine Herren.*

10 Verwandeln Sie die Imperative in Verbote.

a. ¡Duerme! ....

b. ¡Cantad! ....

c. ¡Haz tu trabajo! ....

d. ¡Ve a esa fiesta! ....

Imperativ in der Siezform

Die Höflichkeitsform wird mit dem Subjuntivo ausgedrückt, und dies in der 3. Person Singular bzw. Plural: **Hable, señor** *Sprechen Sie, mein Herr.* **Hablen, señores** *Sprechen Sie, meine Herren.* **Levántese, señor** *Stehen Sie auf, mein Herr.* **Levántense, señores** *Stehen Sie auf, meine Herren.*

11 Verwandeln Sie von der Duzform in die Siezform und umgekehrt.

a. ¡Ven a verme! ....

b. ¡Dígame! ....

c. ¡Sed buenos! ....

d. ¡Aprendan español! ....

Spanische Tortilla

el aceite *Öl*	**la patata** *Kartoffel*	**añadir** *dazugeben*	**cubrir** *bedecken*	**echar** *gießen*	**mezclar** *vermischen*
la cebolla *Zwiebel*	**la sal** *Salz*	**batir** *verquirlen*	**dar la vuelta** *wenden*	**escurrir** *abtropfen lassen*	**mover*** *rühren*
el colador *Sieb*	**la sartén** *Pfanne*	**cortar** *schneiden*	**degustar** *kosten*	**freír** *braten, frittieren*	**pelar** *schälen*
el huevo *Ei*	**la tortilla** *Omelette*	**cuajar** *zum Gerinnen bringen*	**dejar** *stehen lassen*		

12 Die acht Fotos unten demonstrieren die einzelnen Schritte für die Zubereitung einer **TORTILLA ESPAÑOLA**. In der Textspalte jedoch herrscht ein wenig Durcheinander. Ordnen Sie jedem Bild den Buchstaben des entsprechenden Zubereitungsschritts zu.

1. ....

2. ....

3. ....

4. ....

5. ....

6. ....

7. ....

8. ....

A. Cubrir el fondo de la sartén con dos cucharas de aceite y echar la mezcla.

B. Servir y degustar. ¡Buen provecho!

C. Darle la vuelta a la tortilla.

D. Batir los huevos, salar y añadir las patatas y cebollas fritas.

E. Pelar y cortar las patatas y las cebollas.

F. Cuando están fritas, escurrirlas en un colador.

G. Freír las patatas y cebollas en abundante aceite.

H. Mover ligeramente la sartén y cuajar la tortilla.

13 **Das Kochrezept ist im Infinitiv formuliert. Unterstreichen Sie die 14 Verben im Rezept. Tragen Sie sie hier in der chronologisch richtigen Reihenfolge auf Spanisch im Imperativ der 2. Person Singular ein: Schäle ..., usw.**

a. ....

b. ....

c. ....

d. ....

e. ....

f. ....

g. ....

h. ....

i. ....

j. ....

k. ....

l. ....

m. ....

n. ....

14 **... und nun in der Siezform (Singular).**

a. ....

b. ....

c. ....

d. ....

e. ....

f. ....

g. ....

h. ....

i. ....

j. ....

k. ....

l. ....

m. ....

n. ....

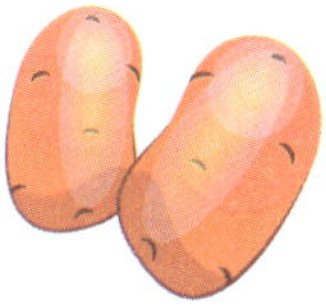

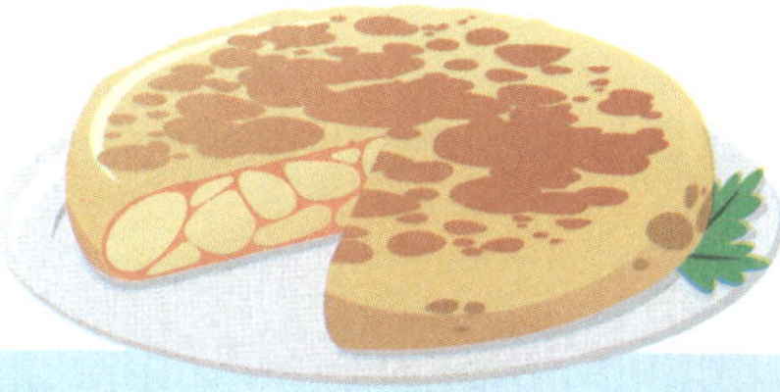

¡Magnífico! Sie haben das 13. Kapitel geschafft! Bewerten Sie nun Ihre Übungsergebnisse. Tragen Sie die Resultate hier und auch in der Punktetabelle auf Seite 128 ein.

14

Vergangenheit (1)

Pretérito imperfecto

- Die Zeitform **Pretérito imperfecto** ist sehr einfach zu bilden: An den Infinitivstamm fügt man für die Verben auf **-ar** die Endungen mit **-aba** und für die Verben auf **-er** und **-ir** die Endungen mit **-ía** an. Achtung beim Akzent: Er wird bei den Verben auf **-ar** auf das **a** der 1. Person Plural und bei den Verben auf **-er** und **-ir** immer auf das **-í** gesetzt.

hablar	tener	vivir
hablaba	tenía	vivía
hablabas	tenías	vivías
hablaba	tenía	vivía
hablábamos	teníamos	vivíamos
hablabais	teníais	vivíais
hablaban	tenían	vivían

- Es gibt drei unregelmäßige Verben: **ser**, **ir** und **ver**.

ser	ir	ver
era	iba	veía
eras	ibas	veías
era	iba	veía
éramos	íbamos	veíamos
erais	ibais	veíais
eran	iban	veían

- Das **Imperfecto** wird meist in der geschriebenen Sprache benutzt, um Ereignisse in der Vergangenheit zu beschreiben: **Llovía y los árboles se movían** *Es regnete, und die Bäume bewegten sich.* Ebenso findet man es bei Schilderungen gewohnheitsmäßiger Handlungen: **Me levantaba todos los días a las siete** *Ich stand jeden Tag um sieben Uhr auf.*

1 Ergänzen Sie die fehlenden Imperfecto-Formen.

infinitivo	yo	tú	él, ella, usted	nosotros, nosotras	vosotros, vosotras	ellos, ellas, ustedes
....	pensaba	....	pensaba	....	....	....
....	....	leías	....	....	....	leían
....	....	....	....	....	os movíais	se movían
acostarse	me	....	....	....	....	....

Die Post – gestern und heute

mandar *schicken*
recibir *erhalten*
ahora *jetzt*
antes *vor (zeitl.)*
hoy *heute*
el bolígrafo *Kugelschreiber*
el buzón *Briefkasten*
la carta *Brief*
el estanco *Tabak- und Briefmarkenladen*
el mensaje *Nachricht*
el móvil *Handy*
la pantalla *Bildschirm*
el papel *Papier*
la postal *Postkarte*
el sello *Briefmarke*
el sobre *Umschlag*

2 Die Schlümpfe heißen auf Spanisch **PITUFOS**, und sie kennen, ebenso wie ihr deutsches Pendant, nur ein Verb: **PITUFAR** *schlumpfen*. Ergänzen Sie den Text, indem Sie anstelle der Formen von pitufar das passende Verb in der korrekten Form sowie das Wort für die entsprechende Abbildung einsetzen.

COMPRAR – DAR – DEJAR – ECHAR – ENCANTAR – ESCRIBIR – IR – MANDAR – QUERER – RECIBIR – SER

Antes, cuando pitufabas [..................] comunicarte con la familia y los amigos,

todo pitufaba [..................] mucho más largo que ahora. Pitufábamos [..................]

la  [..................] con el  [..................], pitufábamos [..................]

al estanco, pitufábamos [..................] un  [..................] y un

[..................] y lo pitufábamos [..................] al  [..................].

Hoy pitufas [..................] un mensaje con el  [..................], ¡y ya!

Pitufamos [..................] el  [..................] y nos pitufan [..................]

las  [..................], pero a mi me pitufaba [..................] más gusto

cuando pitufaba [..................] una 

[..................].

Pretérito Indefinido

- Der Stamm ist der des Infinitivs. Die regelmäßigen Verben auf **-ar** haben die Endungen **-é/-aste/-ó/-amos/-asteis/-aron**.
- Die regelmäßige Konjugation der Verben auf **-er** und **-ir** weist die Endungen **-í/-iste/-ió/-imos/-isteis/-ieron** auf.
- Achten Sie auf die Akzente! Sie bestimmen über die Aussprache, und ein falscher oder fehlender Akzent setzt das Verb in eine womöglich nicht gewollte Zeitform: **canté** *ich sang* (Indefinido)/**cante** *dass ich singe* (Subjuntivo); **cantó** *er sang*/**canto** *ich singe*; **¿Te gustó?** *Hat es dir gefallen?*/**¿Te gusto?** *Gefalle ich dir?*

hablar	comer	vivir
hablé	comí	viví
hablaste	comiste	viviste
habló	comió	vivió
hablamos	comimos	vivimos
hablasteis	comisteis	vivisteis
hablaron	comieron	vivieron

- Im Spanischen benutzt man den Indefinido immer dann, wenn von Ereignissen in der Vergangenheit die Rede ist, die sich nicht auf die Gegenwart auswirken: **¿Qué comiste ayer?** *Was hast du gestern gegessen?* (wörtl. *Was aßest du gestern?*).
- Im Deutschen findet man die (dem Indefinido ähnliche) einfache Vergangenheit vorwiegend in der literarischen Sprache und bei der Schilderung historischer Ereignisse. In der gesprochenen Sprache wird es oft durch die zusammengesetzte Vergangenheit ersetzt.

3 **Hier sehen Sie 15 konjugierte Formen der folgenden Verben: LAVAR, DESCUBRIR, PENSAR, VOLVER, CORRER. Streichen Sie die Formen, die auf keinen Fall Indefinido-Formen darstellen können.**

LAVAMOS
CORREMOS
DESCUBRIMOS
PENSÉIS
VOLVISTE
DESCUBRIERON
VOLVEMOS
CORRE
CORRIERON
PIENSAS
VOLVIÓ
LAVÉ
PENSAMOS
DESCUBRÍS
LAVÁIS

Zeitbestimmungen der Vergangenheit

ayer
gestern
anoche
letzte Nacht
anteayer
vorgestern
el año pasado
letztes Jahr
la semana pasada
letzte Woche

4 **Bei diesen Satzpaaren steht ein Satz im Präsens, der andere beschreibt – mit demselben Verb – ein vergangenes Ereignis. Ergänzen Sie die passende Konjugationsform.**

[salir]

a. Los sábados, si no estoy cansado, ... con mis amigos.

b. El sábado pasado no .... con mis amigos.

[acostarse]

c. Dime, Pedro: ¿a qué hora .... anoche?

d. Yo siempre .... a las diez en punto.

[jugar]

e. Ayer el Barça .... muy bien.

f. Esta tarde .... el Real Madrid.

[recoger]

g. Mis hijos nunca .... los platos.

h. Anteayer, por mi cumpleaños, mis hijos
.... los platos.

5 **Ergänzen Sie die Übersetzung.**

a. *Christoph Kolumbus entdeckte 1492 Amerika.*
Cristóbal Colón .... América en 1492.

b. *Er wusste, dass die Erde rund war.*
.... que la Tierra .... redonda.

c. *Als er ankam, dachte er, er sei in Indien.*
Al llegar, ... que .... en la India.

d. *Daher nannte er die Einwohner Indianer.*

Por eso .... indios a los habitantes.

Pretérito compuesto

- Das Spanische unterscheidet zwischen einem Ereignis in der Vergangenheit, das sich (mental oder real) noch auf die Gegenwart auswirkt (**Pretérito compuesto**), und abgeschlossenen Ereignissen in der Vergangenheit (**Pretérito indefinido**): **Esta mañana he desayunado con Miguel** *Heute Morgen habe ich mit Miguel gefrühstückt.* **Anteayer desayuné con Miguel** *Vorgestern frühstückte ich mit Miguel.*
- Die zusammengesetzten Zeitformen des Spanischen werden nur mit einem einzigen Hilfsverb (**haber** *haben*) gebildet und nicht (wie im Deutschen) mit zwei (*haben* und *sein*).
- Auf **haber** folgt das unveränderliche Partizip Perfekt, das aus dem Infinitivstamm und bei den Verben auf **-ar** mit **-ado**, bei den Verben auf **-er** bzw. **-ir** mit **-ido** gebildet wird.

pensar	correr
he pensado	he corrido
has pensado	has corrido
ha pensado	ha corrido
hemos pensado	hemos corrido
habéis pensado	habéis corrido
han pensado	han corrido

6 **Übersetzen Sie unter Verwendung des Pretérito compuesto.**

a. Bist du heute Morgen rausgegangen? ....

b. Wir sind nach Spanien gefahren. ....

c. Ich bin gekommen, um dich zu sehen. ....

d. Wer hat den Fisch bestellt? ....

Pretérito compuesto mit Adverbien / Unregelmäßigkeiten beim Partizip

- Es gibt eine wichtige Regel zur Verwendung: Im Gegensatz zum Deutschen trennt das Spanische das Hilfsverb und das Partizip nicht. Ein eventuell auftretendes Adverb wird hinter das Partizip gestellt: **He comido bien** *Ich habe gut gegessen.*
- Schwierigkeiten bei der Wortbildung betreffen das Partizip Perfekt, das über zahlreiche unregelmäßige Formen verfügt. Die nebenstehende Liste zeigt diese für einige bereits angetroffene Verben.

cubrir	cubierto
decir	dicho
escribir	escrito
hacer	hecho
poner	puesto
ver	visto
volver	vuelto

Mengenangaben

bastante
genug
mucho
viel
demasiado
zu viel
poco
wenig

7 Übersetzen Sie.

a. Ich habe zu viel geschlafen.

....

b. Ihr habt viel gearbeitet.

....

c. Du hast genug getrunken.

....

d. Sie (Mask./Fem.) haben wenig ausgegeben.

....

8 Ergänzen Sie die jeweils passende Verbform.

he cubierto / ha dicho / habéis escrito / has vuelto / hemos hecho / han puesto / ha visto

a. ¿Alguien .... al gato?

b. Me .... bien porque hace frío.

c. Se .... la gabardina porque está lloviendo.

d. ¿ .... a vuestros abuelos?

e. ¿Qué .... usted?

f. ¿ .... a cenar en ese restaurante tan malo?

g. ....una tortilla muy buena.

¡Bien hecho! Sie haben das 14. Kapitel geschafft! Bewerten Sie nun Ihre Übungsergebnisse. Tragen Sie die Resultate hier und auch in der Punktetabelle auf Seite 128 ein.

15

Vergangenheit (2)

Formen des Indefinido

- So einfach das **Pretérito Imperfecto** in der Wortbildung ist, so reich an Unregelmäßigkeiten ist das **Pretérito Indefinido**. Gerade viele überaus gebräuchliche Verben sind unregelmäßig; die meisten haben die Endungen **-e**, **-iste**, **-o**, **-imos**, **-isteis**, **-ieron**.
- Beispiel: das Verb **estar**. Seine Endungen weisen im Indefinido keine geschriebenen Akzente auf, wie dies bei den regelmäßigen Indefinido-Formen in bestimmten Personen der Fall ist. Außerdem unterscheidet sich der Stamm erheblich von dem des Infinitivs.

estar *(sein)*	
estuve	*ich war*
estuviste	*du warst*
estuvo	*er/sie war*
estuvimos	*wir waren*
estuvisteis	*ihr wart*
estuvieron	*sie waren*

- Sehen wir uns die anderen sieben Verben dieses Modells an, die Sie bereits kennen (eine Übersicht über alle unregelmäßigen Formen finden Sie am Ende des Hefts).

Weitere unregelmäßige Verben mit identischen Endungen	
hacer	hice, hiciste, hizo, hicimos, hicisteis, hicieron
poder	pude, pudiste, pudo, pudimos, pudisteis, pudieron
poner	puse, pusiste, puso, pusimos, pusisteis, pusieron
querer	quise, quisiste, quiso, quisimos, quisisteis, quisieron
saber	supe, supiste, supo, supimos, supisteis, supieron
tener	tuve, tuviste, tuvo, tuvimos, tuvisteis, tuvieron
venir	vine, viniste, vino, vinimos, vinisteis, vinieron

- Ähnlich verhält sich **decir**, das jedoch in der 3. Person Plural nicht die Endung **-ieron**, sondern die Endung **-eron** hat.

decir *(sagen)*	
dije	*ich sagte*
dijiste	*du sagtest*
dijo	*er/sie sagte*
dijimos	*wir sagten*
dijisteis	*ihr sagtet*
dijeron	*sie sagten*

- **Ser** und **ir** schließlich haben dieselbe Konjugation und ebenfalls unregelmäßige Endungen.

ser / ir *(sein/gehen)*	
fui	*ich war / ich ging*
fuiste	*du warst / du gingst*
fue	*er/sie war / er/sie ging*
fuimos	*wir waren / wir gingen*
fuisteis	*ihr wart / ihr gingt*
fueron	*sie waren / sie gingen*

1 Markieren Sie im Gitter die fünf Indefinido-Formen (horizontal, vertikal, diagonal).

U	T	A	S	O	P	E
N	D	U	A	F	U	I
Q	A	Y	V	E	D	F
U	U	D	E	J	I	U
I	H	I	Z	O	M	S
S	A	J	S	I	O	T
U	T	O	S	O	S	E

2 Schreiben Sie die fünf gefundenen Verben und ihre jeweilige Infinitivform.

a. ....

b. ....

c. ....

d. ....

e. ....

Die Himmelsrichtungen

el Este *Osten*	**el Oeste** *Westen*
el Norte *Norden*	**el Sur** *Süden*

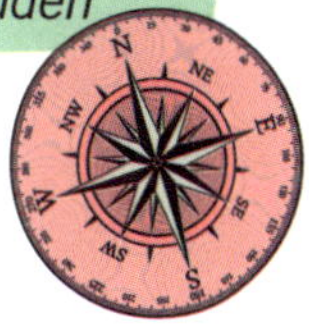

3 Ergänzen Sie an den passenden Stellen die fünf im Gitter gefundenen Verbformen.

a. El verano pasado .... de vacaciones al Sur.

b. Un amigo me .... que siempre hacía buen tiempo.

c. Pero no .... bañarnos porque llovía.

d. En pleno mes de agosto, ¡ .... frío!

e. Y mi mujer no .... salir de casa.

4 **Ergänzen Sie die passende Form von SER oder ESTAR im Indefinido.**

a. Yo, el mes pasado, ... en el Norte. Me encantó.

b. ¡................................... unas vacaciones estupendas!

c. Yo siempre .... más amante del frío que del calor.

d. .... una semana, mi mujer y yo, en un albergue.

5 **Übersetzen Sie.**

a. Gestern habe ich den Tisch gedeckt.

....

b. Kolumbus hat nie gewusst, dass er sich in Amerika befand.

....

c. Meine Großeltern hatten vier Kinder.

....

d. Warum seid ihr nicht zu meinem Geburtstag gekommen?

....

Weitere Unregelmäßigkeiten im Indefinido

- Die Verben mit Stammvokalwechsel (Modell **pedir**) haben im Indefinido bestimmte Besonderheiten: Das **-e** des Stamms wird in der 3. Person Singular und Plural zu **-i**.
- Eine weitere Verbkategorie sind die Verben, die zwischen zwei Unregelmäßigkeiten wechseln: Diphthongierung und Stammvokalveränderung. Auch bei ihnen ändert sich der Stamm in der 3. Person Singular und Plural im Indefinido: Das **-e** von **sentir** wird zum **-i**, und das **-o** von **dormir** wird zum **-u**.

pedir	sentir	dormir
pedí	sentí	dormí
pediste	sentiste	dormiste
pidió	sintió	durmió
pedimos	sentimos	dormimos
pedisteis	sentisteis	dormisteis
pidieron	sintieron	durmieron

6 **Die Sätze enthalten Verben, die die im Kapitel erläuterten Unregelmäßigkeiten aufweisen. Verwandeln Sie sie vom Präsens ins Indefinido.**

a. ¿Por qué me mientes? ....

b. Siempre prefiero el Sur al Norte. ....

c. Cristóbal Colón muere en 1506. ....

d. Seguimos este coche durante una hora. ....

e. ¿Cuándo elegís a vuestro presidente? ....

f. Algunos amigos míos prefieren no votar. ....

7 **Übersetzen Sie.**

a. Haben Sie letzte Nacht gut geschlafen, mein Herr? ....

b. Hat dir dieses Buch genützt? ....

c. Welche Kleidung hast du gestern getragen? ....

d. Sie haben mich nicht um Geld gebeten. ....

Verben auf -ducir im Indefinido

- Einige gängige Verben mit der Endung **-ducir** weisen zwei Unregelmäßigkeiten bei der Konjugation auf. Die erste kennen Sie: Die 1. Person Singular Präsens endet auf **-zco** (**conduzco** *ich fahre/lenke*). Die zweite betrifft den Indefinido: Die Endungen lauten **-je**, **-jiste**, usw. Hier alle Formen:

conduje	*ich fuhr*
condujiste	*du fuhrst*
condujo	*er/sie fuhr*
condujimos	*wie fuhren*
condujisteis	*ihr fuhrt*
condujeron	*sie fuhren*

8 Kreuzen Sie die korrekte Übersetzung an.

a. *Me introduje en la casa.*

- ☐ Er hat mir Zutritt zum Haus verschafft.
- ☐ Ich habe mir Zutritt zum Haus verschafft.
- ☐ Ich verschaffe mir Zutritt zum Haus.

b. *No produjo nada.*

- ☐ Ich habe nichts produziert.
- ☐ Ich produziere nichts.
- ☐ Er hat nichts produziert.

c. *Tradujisteis esta novela.*

- ☐ Ihr habt diesen Roman übersetzt.
- ☐ Ihr übersetzt diesen Roman.
- ☐ Du hast diesen Roman übersetzt.

d. *Conducís demasiado rápido.*

- ☐ Ihr seid zu schnell gefahren.
- ☐ Du fährst zu schnell.
- ☐ Ihr fahrt zu schnell.

Besondere Verben im Indefinido

- Einige Verben auf **-er** und **-ir**, deren Stamm vokalisch auslautet (**le-er** *lesen*; **o-ír** *hören*; **ca-er** *fallen* usw.), weisen im Indefinido in der 3. Person Singular und Plural die Besonderheit auf, dass vor der Endung ein **-y** eingeschoben wird.
- **dar** *geben* hat erstaunlicherweise im Indefinido die Endungen der Verben auf **-er** und **-ir**. Außerdem werden bei **dar** wie bei allen einsilbigen Verben keine Akzente geschrieben. Dies betrifft z. B. auch **ver** sehen: **vi**, **viste**, **vio** … *ich sah, du sahst, er/sie sah …*

leer	oír	dar
leí	oí	di
leíste	oíste	diste
leyó	oyó	dio
leímos	oímos	dimos
leísteis	oísteis	disteis
leyeron	oyeron	dieron

9 Ergänzen Sie die Verbformen im Indefinido.

a. *Ich habe die Gebrauchsanleitung nicht gut gelesen.* No ..... bien el modo de empleo.

b. *Hast du nicht gelesen, was ich gestern in meinem Blog geschrieben habe?* ¿No ..... lo que ..... ayer en mi blog?

c. *Haben Sie nichts gehört, mein Herr?* ¿No ..... usted nada, señor?

d. *Nein, ich habe den Pfiff nicht gehört.* No, no ..... el silbato.

e. *Meine Eltern haben mir ein wenig Geld gegeben.* Mis padres me ..... un poco de dinero.

f. *Hast du keine Angst gehabt?* ¿No te ..... miedo?

10 Unten wird in wenigen Sätzen beschrieben, wie einer Person das Portemonnaie gestohlen wird. Ergänzen Sie die Verben, die oben im Infinitiv angegeben sind, in der richtigen Zeitform (Pretérito compuesto, Imperfecto oder Indefinido).

robar *stehlen*	insistir *darauf bestehen*	ser *sein*
volver *zurückkommen*	despedirse *sich verabschieden*	llevar *tragen*
chocar *zusammenstoßen*	darse cuenta *merken*	decir *sagen (lauten)*
caer *fallen*	tener *haben*	

a. ¡Policía, policía! ¡Un joven me .... la cartera!

b. Yo .... tranquilamente del mercado, cuando de pronto ese chico .... conmigo.

c. Toda la compra .... al suelo.

d. El muchacho .... en recogerla y .... muy amablemente.

e. Y entonces .... de que ya no .... la cartera.

f. .... bajito y .... un tatuaje en el brazo que .... : "Mamá, te quiero".

Um die Geschichte besser zu verstehen ...

amablemente *liebenswürdig*
la cartera *Portemonnaie*
la compra *Einkäufe*
de pronto *plötzlich*
entonces *dann*
el mercado *Markt*
el muchacho *junger Mann*
la policía *Polizei*
el suelo *Boden*
te quiero *ich habe dich lieb*
ya no *nicht mehr*

¡Formidable! Sie haben das 15. Kapitel geschafft! Bewerten Sie nun Ihre Übungsergebnisse. Tragen Sie die Resultate hier und auch in der Punktetabelle auf Seite 128 ein.

16

Futur und Konditional

Möglichkeiten zum Ausdruck des Futurs

- Das Spanische drückt bevorstehende Handlungen oder solche, die zu einem späteren Zeitpunkt in der Zukunft ausgeführt werden sowie Absichten für die Zukunft mit dem Verb **ir** *gehen* + Präposition **a** + Infinitiv aus (Futuro próximo): **Voy a trabajar** *Ich werde arbeiten*. **Va a llover** *Es wird regnen*.
- Alternativ kann das Futur mit dem Futuro simple (auch **Futuro imperfecto** genannt) gebildet werden. Dies ist eine spezielle Verbform, bei der an den Infinitiv die in der untenstehenden Tabelle genannten Endungen angehängt werden: **trabajaré** *ich werde arbeiten*; **trabajarás** *du wirst arbeiten*, usw.
- Beachten Sie den geschriebenen Akzent auf der letzten Silbe in allen Personalformen außer der 1. Person Plural.

trabajaré	*ich werde arbeiten*
trabajarás	*du wirst arbeiten*
trabajará	*er/sie wird arbeiten*
trabajaremos	*wir werden arbeiten*
trabajaréis	*ihr werdet arbeiten*
trabajarán	*sie werden arbeiten*

- Unregelmäßigkeiten finden sich ausschließlich im Stamm bei 12 unregelmäßigen Verben (siehe Tabelle am Ende des Hefts). Sie kennen bereits:

decir	diré, dirás, dirá...
haber	habré, habrás, habrá...
hacer	haré, harás, hará...
poder	podré, podrás, podrá...
poner	pondré, pondrás, pondrá...
querer	querré, querrás, querrá...
saber	sabré, sabrás, sabrá...
salir	saldré, saldrás, saldrá...
tener	tendré, tendrás, tendrá...
venir	vendré, vendrás, vendrá...

1 Formulieren Sie die guten Vorsätze für das neue Jahr mit dem Verb im FUTURO SIMPLE.

a. Este año vamos a hacer deporte. ....

b. Voy a correr una hora por día. ....

c. Vais a perder peso. ....

d. No vas a beber alcohol. ....

e. No se van a acostar tan tarde. ....

f. Mi vida va a ser diferente. ....

2 Formulieren Sie die Sätze so um, dass das Verb im FUTURO PRÓXIMO steht.

a. ¿Vendrás a verme un día? ....

b. Nunca se pondrá esa camisa. ....

c. No diréis nada, ¿de acuerdo? ....

d. No querrá contártelo. ....

e. ¿Cogerá usted el tren de las cuatro? ....

f. Veremos si es posible. ....

Zeitbestimmungen im Futur

dentro de una hora
in einer Stunde

el año que viene
nächstes Jahr

el próximo jueves
nächsten Donnerstag

la semana próxima
nächste Woche

mañana
morgen

pasado mañana
übermorgen

pronto
bald

todavía no
noch nicht

ya
schon

3 **Verfassen Sie Antworten nach diesem Muster: - ¿Has hecho ya tu cama? [–> später] - No, todavía no. Más tarde la haré.**

a. ¿Has escrito ya la carta para la abuela? [–> morgen]
No, todavía no. ....

b. ¿Sabéis ya todas las conjugaciones?
[–> nächstes Jahr]
No, todavía no. ....

c. ¿Han vuelto ya de vacaciones? [–> in zwei Wochen]
No, todavía no. ....

d. ¿Has visto ya al médico? [–> übermorgen]
No, todavía no. ....

e. ¿Se lo habéis dicho ya? [–> bald]
No, todavía no. ....

f. ¿Ha salido ya del hospital? [–> nächsten Montag]
No, todavía no. ....

g. ¿Tienes ya dieciocho años? [–> nächsten Sommer]
No, todavía no. ....

Futur in Neben- und Relativsätzen

- Im Satz **No sé cuándo tendré dinero** *Ich weiß nicht, wann ich Geld haben werde* stellen Sie fest, das **cuándo** den geschriebenen Akzent trägt, der typisch für Fragewörter ist. Es handelt sich hier um eine indirekte Frage, in der die ebenfalls im Deutschen üblichen Zeitformen verwendet werden.
- Aber Vorsicht! Führt **cuando** (ohne Akzent) einen zeitlichen Nebensatz ein, kann das Futur nicht verwendet werden. Man ersetzt es durch den Subjuntivo. Sagen Sie also nicht **Cuando ~~tendré~~ dinero, iré a México**, sondern **Cuando tenga dinero, iré a México** *Wenn ich Geld habe, werde ich nach Mexiko reisen.*
- Dieselbe Regel gilt bei Relativsätzen. Sagen Sie nicht **Haz lo que ~~podrás~~**, sondern **Haz lo que puedas** *Mach, was du kannst.*

4 Welche Übersetzung ist richtig?

a. *Wenn du Lust hast, sag es mir.*
☐ Cuando tengas ganas, dímelo.
☐ Cuando tendrás ganas, dímelo.

b. *Ich weiß nicht, um wie viel Uhr ich rausgehen werde.*
☐ No sé a qué hora salga.
☐ No sé a qué hora saldré.

c. *Mach, was du willst.*
☐ Haz lo que querrás.
☐ Haz lo que quieras.

d. *Wenn du ihn siehst, frag ihn.*
☐ Cuando lo verás, pregúntale.
☐ Cuando lo veas, pregúntale.

e. *Ich frage mich, wann er kommen wird.*
☐ Me pregunto cuándo venga.
☐ Me pregunto cuándo vendrá.

f. *Ich werde machen, was du sagst.*
☐ Haré lo que digas.
☐ Haré lo que dirás.

5 Übersetzen Sie.

a. Wenn du aufwachst, ruf mich an. ....

b. Wenn sie zu Hause sind, sag es mir. ....

c. Weißt du, um wie viel Uhr wir zu Abend essen? ....

d. Wir essen zu Abend, wenn wir können. ....

6 Wandeln Sie die Sätze nach diesem Muster um: Ich kann dir nichts von ihm erzählen, weil ich ihn nicht gut kenne./Wenn ich ihn besser kennen werde, kann ich dir von ihm erzählen.

a. No puedo hablarte de él porque no lo conozco bien.

....

b. No salimos a pasear porque no hace buen tiempo.

....

c. No leo más libros porque no tengo tiempo.

....

d. No habláis mejor español porque no vais a España.

....

Futur in indirekten Sätzen

- Das Futur kann auch in ergänzenden Nebensätzen, die durch **que** eingeführt werden, auftreten. Die Konstruktion ist dieselbe wie im Deutschen: **Dice que me ayudará** *Er sagt, dass er mir helfen wird.*
- Die Zeitenfolge ist in beiden Sprachen dieselbe. Steht das Verb des Hauptsatzes in der Vergangenheit, steht das Verb des Nebensatzes nicht im Futur, sondern im **Condicional: Dijo que me ayudaría** *Er sagte, dass er mir helfen würde.*

- Für die Bildung des **Condicional** kann man sich am Futur orientieren: Der Stamm ist identisch, unabhängig davon, ob es sich um ein regelmäßiges oder ein unregelmäßiges Verb handelt. Die Endungen ähneln denen des **Imperfecto** für die 2. Gruppe: **-ía**, **-ías**, usw.

trabajar
trabajaría
trabajarías
trabajaría
trabajaríamos
trabajaríais
trabajarían

decir	diría, dirías...
haber	habría, habrías...
hacer	haría, harías...
poder	podría, podrías...
poner	pondría, pondrías...
querer	querría, querrías...
saber	sabría, sabrías...
salir	saldría, saldrías...
tener	tendría, tendrías...
venir	vendría, vendrías...

7 **Übersetzen Sie.**

a. Ich dachte, er wäre glücklich, dich zu sehen.

....

b. Hast du gedacht, er würde mir nichts sagen?

....

c. Ich habe mich gefragt, ob du mit uns essen würdest.

....

d. Er sagte mir, ich wäre immer willkommen.

....

e. Ich wusste, dass es regnen würde.

....

8 **Formulieren Sie die Sätze aus Übung 7 so um, dass das Verb des Hauptsatzes im Präsens steht.**

a. ....

b. ....

c. ....

d. ....

e. ....

Irreale Bedingungen in der Zukunft

- Für ein Ereignis, das lediglich möglich ist bzw. nur vielleicht eintritt, benutzt man eine Konditionalkonstruktion im Indikativ: **Si puedo, iré a verte** *Wenn ich kann, werde ich dich besuchen.*
- Zukünftige Ereignisse, die zum Zeitpunkt des Sprechens als unwahrscheinlich angesehen werden, werden mit dem **Condicional** im Hauptsatz und dem **Subjuntivo Imperfecto** im Nebensatz ausgedrückt: **Si pudiera, iría a verte** *Wenn ich könnte, würde ich dich besuchen.*
- Im Spanischen ist der **Subjuntivo Imperfecto** sehr gebräuchlich. Er wird auf der Grundlage des Infinitivs gebildet, an den die Endungen **-a**, **-as**, **-a**, **-amos**, **-ais**, **-an** angehängt werden (siehe Tabelle rechts). Beachten Sie jedoch, dass die Formen der Verben auf **-er** und **-ir** die bekannten Unregelmäßigkeiten im Stamm aufweisen!

trabajar	salir	tener
trabajara	saliera	tuviera
trabajaras	salieras	tuvieras
trabajara	saliera	tuviera
trabajáramos	saliéramos	tuviéramos
trabajarais	salierais	tuvierais
trabajaran	salieran	tuvieran

- Achten Sie auf die Akzente bei diesen Formen, die über die Aussprache bestimmen. In der 1. Person Plural: **trabajáramos**. Der Akzent erlaubt es Ihnen meist, den **Subjuntivo Imperfecto** vom Futur zu unterscheiden: **trabajarás** *du wirst arbeiten*; **trabajaras** *dass du arbeiten würdest.*
- Es existiert noch eine Alternativform des **Subjuntivo Imperfecto**, die die Endung **-se** hat: **trabajase**, **trabajases**, **trabajase**, **trabajásemos**, **trabajaseis**, **trabajasen**.

9 **Übersetzen Sie diese Bedingungssätze. Drücken Sie sie dann im Condicional der Gegenwart aus.**

Wenn du mich magst, dann wirst du es machen.

a. .... b. ....

Wenn du es machst, dann werde ich zufrieden sein.

c. .... d. ....

Wenn es schneit, dann werden wir in die Sierra Nevada fahren.

e. .... f. ....

Wenn wir in die Sierra Nevada fahren, dann werden wir auch Granada sehen.

g. .... h. ....

10 **Die Tagträume werden hier im Futur ausgedrückt. Formulieren Sie sie im Condicional der Gegenwart:** Wenn ich reich sein werde ... / Wenn ich reich wäre ...

a. Cuando me toque la lotería, no sabré qué hacer con el dinero.
b. Cuando tenga millones, la gente vendrá a pedirme.
c. Cuando sea rico, ¿seré más feliz?

a. ....

b. ....

c. ....

Irreale Bedingungen in der Vergangenheit

Nun geht es um Ereignisse, die in der Vergangenheit hätten eintreten können *(wenn ich ... gemacht hätte, hätte ich ... gehabt).* Um derartige Bedingungssätze zu bilden, benutzt man zusammengesetzte Zeitformen, die mit dem Hilfsverb **haber** *haben* konstruiert werden.

Im Nebensatz benutzt man den **Subjuntivo Pluscuamperfecto** (**haber** im **Subjuntivo Imperfecto** + Partizip Perfekt): **Si lo hubiera sabido…** *Wenn ich das gewusst hätte …*

Im Hauptsatz steht der **Condicional Perfecto** (**haber** im **Condicional** + Partizip Perfekt): **… no lo habría hecho** *… hätte ich es nicht gemacht.*

11 **Formulieren Sie die Sätze als Bedingungssätze in der Vergangenheit.**

a. Si me quisieras, lo harías.

....

b. Si lo viera, te lo diría.

....

c. Si le escribiéramos, se pondría contento.

....

d. Si hicierais deporte, perderíais peso.

....

12 **Bilden Sie aus den Satzteilen der beiden Kisten sinnvolle Bedingungssätze in der Vergangenheit.**

a. Si ....

b. Si ....

c. Si ....

d. Si ....

¡Felicidades! Sie haben alle Übungen dieses Hefts absolviert! Bewerten Sie Ihre Übungsergebnisse, und tragen Sie sie hier und in der Punktetabelle auf Seite 128 ein.

Infinitivo (*Infinitiv*)	Presente de indicativo (*Indikativ Präsens*)	Presente de subjuntivo (*Konjunktiv Präsens*)	Imperativo (*Imperativ*)		Pretérito imperfecto de indicativo (*Indikativ Imperfekt*)
Regelmäßige Verben					
Hablar *sprechen*	hablo hablas habla hablamos habláis hablan	hable hables hable hablemos habléis hablen	habla	hablad	hablaba hablabas hablaba hablábamos hablabais hablaban
Aprender *lernen*	aprendo aprendes aprende aprendemos aprendéis aprenden	aprenda aprendas aprenda aprendamos aprendáis aprendan	aprende	aprended	aprendía aprendías aprendía aprendíamos aprendíais aprendían
Vivir *leben*	vivo vives vive vivimos vivís viven	viva vivas viva vivamos viváis vivan	vive	vivid	vivía vivías vivía vivíamos vivíais vivían
Diphthongierte Verben e → ie o → ue					
Pensar *denken*	pienso piensas piensa pensamos pensáis piensan	piense pienses piense pensemos penséis piensen	piensa	pensad	pensaba pensabas pensaba pensábamos pensabais pensaban
Entender *verstehen*	entiendo entiendes entiende entendemos entendéis entienden	entienda entiendas entienda entendamos entendáis entiendan	entiende	entended	entendía entendías entendía entendíamos entendíais entendían
Contar *erzählen*	cuento cuentas cuenta contamos contáis cuentan	cuente cuentes cuente contemos contéis cuenten	cuenta	contad	contaba contabas contaba contábamos contabais contaban
Mover *bewegen*	muevo mueves mueve movemos movéis mueven	mueva muevas mueva movamos mováis muevan	mueve	moved	movía movías movía movíamos movíais movían
Verben mit Stammvokalveränderung e → i					
Pedir *fragen*	pido pides pide pedimos pedís piden	pida pidas pida pidamos pidáis pidan	pide	pedid	pedía pedías pedía pedíamos pedíais pedían

Identisches Konjugationsmuster für seguir, corregir, despedir, elegir, impedir, medir, servir, vestir.

Unregelmäßigkeiten in Orange.

Pretérito indefinido *(Indefinido)*	Pretérito imperfecto de subjuntivo *(Konjunktiv Imperfekt)*	Futuro *(Futur)*	Condicional *(Konditional)*	Gerundio / part. pasivo *(Partizip Präsens/Perfekt)*
Regelmäßige Verben				
hablé hablaste habló hablamos hablasteis hablaron	hablara hablaras hablara habláramos hablarais hablaran	hablaré hablarás hablará hablaremos hablaréis hablarán	hablaría hablarías hablaría hablaríamos hablaríais hablarían	hablando hablado
aprendí aprendiste aprendió aprendimos aprendisteis aprendieron	aprendiera aprendieras aprendiera aprendiéramos aprendierais aprendieran	aprenderé aprenderás aprenderá aprenderemos aprenderéis aprenderán	aprendería aprenderías aprendería aprenderíamos aprenderíais aprenderían	aprendiendo aprendido
viví viviste vivió vivimos vivisteis vivieron	viviera vivieras viviera viviéramos vivierais vivieran	viviré vivirás vivirá viviremos viviréis vivirán	viviría vivirías viviría viviríamos viviríais vivirían	viviendo vivido
Diphthongierte Verben e → ie o → ue				
pensé pensaste pensó pensamos pensasteis pensaron	pensara pensaras pensara pensáramos pensarais pensaran	pensaré pensarás pensará pensaremos pensaréis pensarán	pensaría pensarías pensaría pensaríamos pensaríais pensarían	pensando pensado
entendí entendiste entendió entendimos entendisteis entendieron	entendiera entendieras entendiera entendiéramos entendierais entendieran	entenderé entenderás entenderá entenderemos entenderéis entenderán	entendería entenderías entendería entenderíamos entenderíais entenderían	entendiendo entendido
conté contaste contó contamos contasteis contaron	contara contaras contara contáramos contarais contaran	contaré contarás contará contaremos contaréis contarán	contaría contarías contaría contaríamos contaríais contarían	contando contado
moví moviste movió movimos movisteis movieron	moviera movieras moviera moviéramos movierais movieran	moveré moverás moverá moveremos moveréis moverán	movería moverías movería moveríamos moveríais moverían	moviendo movido
Verben mit Stammvokalveränderung e → i				
pedí pediste pidió pedimos pedisteis pidieron	pidiera pidieras pidiera pidiéramos pidierais pidieran	pediré pedirás pedirá pediremos pediréis pedirán	pediría pedirías pediría pediríamos pediríais pedirían	pidiendo pedido

Identisches Konjugationsmuster für seguir, corregir, despedir, elegir, impedir, medir, servir, vestir.

Infinitivo *(Infinitiv)*	Presente de indicativo *(Indikativ Präsens)*	Presente de subjuntivo *(Konjunktiv Präsens)*	Imperativo *(Imperativ)*		Pretérito imperfecto de indicativo *(Indikativ Imperfekt)*
Verben mit wechselnden Unregelmäßigkeiten e ➔ ie und i o ➔ ue und u					
Sentir *fühlen, spüren*	siento sientes siente sentimos sentís sienten	sienta sientas sienta sintamos sintáis sientan	siente	sentid	sentía sentías sentía sentíamos sentíais sentían

Identisches Konjugationsmuster für divertir, mentir, preferir, sugerir.

Dormir *schlafen*	duermo duermes duerme dormimos dormís duermen	duerma duermas duerma durmamos durmáis duerman	duerme	dormid	dormía dormías dormía dormíamos dormíais dormían

Identisches Konjugationsmuster für morir.

Verben auf -acer / -ecer / -ocer / -ucir, Typ conocer c ➔ zc					
Conocer *kennen*	conozco conoces conoce conocemos conocéis conocen	conozca conozcas conozca conozcamos conozcáis conozcan	conoce	conoced	conocía conocías conocía conocíamos conocíais conocían

Identisches Konjugationsmuster für nacer, obedecer, padecer, parecer, pertenecer, relucir.

Verben auf -ducir, Typ conducir c ➔ zc c ➔ j					
Conducir *fahren, lenken*	conduzco conduces conduce conducimos conducís conducen	conduzca conduzcas conduzca conduzcamos conduzcáis conduzcan	conduce	conducid	conducía conducías conducía conducíamos conducíais conducían

Identisches Konjugationsmuster für deducir, introducir, producir, traducir, seducir.

Weitere unregelmäßige Verben					
Andar *laufen*	ando andas anda andamos andáis andan	ande andes ande andemos andéis anden	anda	andad	andaba andabas andaba andábamos andabais andaban
Caber *Platz haben, passen*	quepo cabes cabe cabemos cabéis caben	quepa quepas quepa quepamos quepáis quepan	–	cabed	cabía cabías cabía cabíamos cabíais cabían
Caer *fallen*	caigo caes cae caemos caéis caen	caiga caigas caiga caigamos caigáis caigan	cae	caed	caía caías caía caíamos caíais caían

Pretérito indefinido (Indefinido)	Pretérito imperfecto de subjuntivo (Konjunktiv Imperfekt)	Futuro (Futur)	Condicional (Konditional)	Gerundio / part. pasivo (Partizip Präsens/Perfekt)
Verben mit Stammvokalveränderung e ➔ ie und i o ➔ ue und u				
sentí sentiste sintió sentimos sentisteis sintieron	sintiera sintieras sintiera sintiéramos sintierais sintieran	sentiré sentirás sentirá sentiremos sentiréis sentirán	sentiría sentirías sentiría sentiríamos sentiríais sentirían	sintiendo sentido

Identisches Konjugationsmuster für divertir, mentir, preferir, sugerir.

dormí dormiste durmió dormimos dormisteis durmieron	durmiera durmieras durmiera durmiéramos durmierais durmieran	dormiré dormirás dormirá dormiremos dormiréis dormirán	dormiría dormirías dormiría dormiríamos dormiríais dormirían	durmiendo dormido

Identisches Konjugationsmuster für morir.

Verben auf -acer / -ecer / -ocer / -ucir, Typ conocer c ➔ zc				
conocí conociste conoció conocimos conocisteis conocieron	conociera conocieras conociera conociéramos conocierais conocieran	conoceré conocerás conocerá conoceremos conoceréis conocerán	conocería conocerías conocería conoceríamos conoceríais conocerían	conociendo conocido

Identisches Konjugationsmuster für nacer, obedecer, padecer, parecer, pertenecer, relucir.

Verben auf -ducir, Typ conducir c ➔ zc c ➔ j				
conduje condujiste condujo condujimos condujisteis condujeron	condujera condujeras condujera condujéramos condujerais condujeran	conduciré conducirás conducirá conduciremos conduciréis conducirán	conduciría conducirías conduciría conduciríamos conduciríais conducirían	conduciendo conducido

Identisches Konjugationsmuster für deducir, introducir, producir, traducir, seducir.

Weitere unregelmäßige Verben				
anduve anduviste anduvo anduvimos anduvisteis anduvieron	anduviera anduvieras anduviera anduviéramos anduvierais anduvieran	andaré andarás andará andaremos andaréis andarán	andaría andarías andaría andaríamos andaríais andarían	andando andado
cupe cupiste cupo cupimos cupisteis cupieron	cupiera cupieras cupiera cupiéramos cupierais cupieran	cabré cabrás cabrá cabremos cabréis cabrán	cabría cabrías cabría cabríamos cabríais cabrían	cabiendo cabido
caí caíste cayó caímos caísteis cayeron	cayera cayeras cayera cayéramos cayerais cayeran	caeré caerás caerá caeremos caeréis caerán	caería caerías caería caeríamos caeríais caerían	cayendo caído

Infinitivo *(Infinitiv)*	Presente de indicativo *(Indikativ Präsens)*	Presente de subjuntivo *(Konjunktiv Präsens)*	Imperativo *(Imperativ)*		Pretérito imperfecto de indicativo *(Indikativ Imperfekt)*
Weitere unregelmäßige Verben					
Dar *geben*	**doy** das da damos dais dan	dé des dé demos deis den	da	dad	daba dabas daba dábamos dabais daban
Decir *sagen*	**digo** **dices** **dice** decimos decís **dicen**	**diga** **digas** **diga** **digamos** **digáis** **digan**	**di**	decid	decía decías decía decíamos decíais decían
Estar *sein*	**estoy** **estás** **está** estamos estáis **están**	**esté** **estés** **esté** estemos estéis **estén**	**está**	estad	estaba estabas estaba estábamos estabais estaban
Haber *haben (Hilfsverb)*	**he** **has** **ha** **hemos** **habéis** **han**	**haya** **hayas** **haya** **hayamos** **hayáis** **hayan**	–	–	había habías había habíamos habíais habían
Hacer *machen*	**hago** haces hace hacemos hacéis hacen	**haga** **hagas** **haga** **hagamos** **hagáis** **hagan**	**haz**	haced	hacía hacías hacía hacíamos hacíais hacían
Ir *gehen*	**voy** **vas** **va** **vamos** **vais** **van**	**vaya** **vayas** **vaya** **vayamos** **vayáis** **vayan**	**ve**	id	iba ibas iba íbamos ibais iban
Oír *hören*	**oigo** **oyes** **oye** oímos oís **oyen**	**oiga** **oigas** **oiga** **oigamos** **oigáis** **oigan**	**oye**	oíd	oía oías oía oíamos oíais oían
Poder *können*	p**ue**do p**ue**des p**ue**de podemos podéis p**ue**den	p**ue**da p**ue**das p**ue**da podamos podáis p**ue**dan	–	–	podía podías podía podíamos podíais podían
Poner *legen, stellen*	**pongo** pones pone ponemos ponéis ponen	**ponga** **pongas** **ponga** **pongamos** **pongáis** **pongan**	**pon**	poned	ponía ponías ponía poníamos poníais ponían

Pretérito indefinido (Indefinido)	Pretérito imperfecto de subjuntivo (Konjunktiv Imperfekt)	Futuro (Futur)	Condicional (Konditional)	Gerundio / part. pasivo (Partizip Präsens/Perfekt)
Weitere unregelmäßige Verben				
di diste dio dimos disteis dieron	diera dieras diera diéramos dierais dieran	daré darás dará daremos daréis darán	daría darías daría daríamos daríais darían	dando dado
dije dijiste dijo dijimos dijisteis dijeron	dijera dijeras dijera dijéramos dijerais dijeran	diré dirás dirá diremos diréis dirán	diría dirías diría diríamos diríais dirían	diciendo dicho
estuve estuviste estuvo estuvimos estuvisteis estuvieron	estuviera estuvieras estuviera estuviéramos estuvierais estuvieran	estaré estarás estará estaremos estaréis estarán	estaría estarías estaría estaríamos estaríais estarían	estando estado
hube hubiste hubo hubimos hubisteis hubieron	hubiera hubieras hubiera hubiéramos hubierais hubieran	habré habrás habrá habremos habréis habrán	habría habrías habría habríamos habríais habrían	habiendo habido
hice hiciste hizo hicimos hicisteis hicieron	hiciera hicieras hiciera hiciéramos hicierais hicieran	haré harás hará haremos haréis harán	haría harías haría haríamos haríais harían	haciendo hecho
fui fuiste fue fuimos fuisteis fueron	fuera fueras fuera fuéramos fuerais fueran	iré irás irá iremos iréis irán	iría irías iría iríamos iríais irían	yendo ido
oí oíste oyó oímos oísteis oyeron	oyera oyeras oyera oyéramos oyerais oyeran	oiré oirás oirá oiremos oiréis oirán	oiría oirías oiría oiríamos oiríais oirían	oyendo oído
pude pudiste pudo pudimos pudisteis pudieron	pudiera pudieras pudiera pudiéramos pudierais pudieran	podré podrás podrá podremos podréis podrán	podría podrías podría podríamos podríais podrían	pudiendo podido
puse pusiste puso pusimos pusisteis pusieron	pusiera pusieras pusiera pusiéramos pusierais pusieran	pondré pondrás pondrá pondremos pondréis pondrán	pondría pondrías pondría pondríamos pondríais pondrían	poniendo puesto

Infinitivo (*Infinitiv*)	Presente de indicativo (*Indikativ Präsens*)	Presente de subjuntivo (*Konjunktiv Präsens*)	Imperativo (*Imperativ*)		Pretérito imperfecto de indicativo (*Indikativ Imperfekt*)
Weitere unregelmäßige Verben					
Querer *wollen, mögen*	quiero quieres quiere queremos queréis quieren	quiera quieras quiera queramos queráis quieran	quiere	quered	quería querías quería queríamos queríais querían
Saber *wissen*	sé sabes sabe sabemos sabéis saben	sepa sepas sepa sepamos sepáis sepan	sabe	sabed	sabía sabías sabía sabíamos sabíais sabían
Salir *aus-, weggehen*	salgo sales sale salimos salís salen	salga salgas salga salgamos salgáis salgan	sal	salid	salía salías salía salíamos salíais salían
Ser *sein*	soy eres es somos sois son	sea seas sea seamos seáis sean	sé	sed	era eras era éramos erais eran
Tener *haben, besitzen*	tengo tienes tiene tenemos tenéis tienen	tenga tengas tenga tengamos tengáis tengan	ten	tened	tenía tenías tenía teníamos teníais tenían
Traer *bringen, holen*	traigo traes trae traemos traéis traen	traiga traigas traiga traigamos traigáis traigan	trae	traed	traía traías traía traíamos traíais traían
Valer *kosten, wert sein*	valgo vales vale valemos valéis valen	valga valgas valga valgamos valgáis valgan	vale	valed	valía valías valía valíamos valíais valían
Venir *kommen*	vengo vienes viene venimos venís vienen	venga vengas venga vengamos vengáis vengan	ven	venid	venía venías venía veníamos veníais venían
Ver *sehen*	veo ves ve vemos veis ven	vea veas vea veamos veáis vean	ve	ved	veía veías veía veíamos veíais veían

Pretérito indefinido *(Indefinido)*	Pretérito imperfecto de subjuntivo *(Konjunktiv Imperfekt)*	Futuro *(Futur)*	Condicional *(Konditional)*	Gerundio / part. pasivo *(Partizip Präsens/Perfekt)*
Weitere unregelmäßige Verben				
quise quisiste quiso quisimos quisisteis quisieron	quisiera quisieras quisiera quisiéramos quisierais quisieran	querré querrás querrá querremos querréis querrán	querría querrías querría querríamos querríais querrían	queriendo querido
supe supiste supo supimos supisteis supieron	supiera supieras supiera supiéramos supierais supieran	sabré sabrás sabrá sabremos sabréis sabrán	sabría sabrías sabría sabríamos sabríais sabrían	sabiendo sabido
salí saliste salió salimos salisteis salieron	saliera salieras saliera saliéramos salierais salieran	saldré saldrás saldrá saldremos saldréis saldrán	saldría saldrías saldría saldríamos saldríais saldrían	saliendo salido
fui fuiste fue fuimos fuisteis fueron	fuera fueras fuera fuéramos fuerais fueran	seré serás será seremos seréis serán	sería serías sería seríamos seríais serían	siendo sido
tuve tuviste tuvo tuvimos tuvisteis tuvieron	tuviera tuvieras tuviera tuviéramos tuvierais tuvieran	tendré tendrás tendrá tendremos tendréis tendrán	tendría tendrías tendría tendríamos tendríais tendrían	teniendo tenido
traje trajiste trajo trajimos trajisteis trajeron	trajera trajeras trajera trajéramos trajerais trajeran	traeré traerás traerá traeremos traeréis traerán	traería traerías traería traeríamos traeríais traerían	trayendo traído
valí valiste valió valimos valisteis valieron	valiera valieras valiera valiéramos valierais valieran	valdré valdrás valdrá valdremos valdréis valdrán	valdría valdrías valdría valdríamos valdríais valdrían	valiendo valido
vine viniste vino vinimos vinisteis vinieron	viniera vinieras viniera viniéramos vinierais vinieran	vendré vendrás vendrá vendremos vendréis vendrán	vendría vendrías vendría vendríamos vendríais vendrían	viniendo venido
vi viste vio vimos visteis vieron	viera vieras viera viéramos vierais vieran	veré verás verá veremos veréis verán	vería verías vería veríamos veríais verían	viendo visto

Kapitel 1: Aussprache

1 a. Tenerife b. Toledo c. Lugo d. Burgos e. Teruel

2 a. [a-usstralia] b. [lo-ira] c. [e-uropa] d. [re-ino unido] e. [bu-enoss a-iress]

3 a. [rr] b. [r] c. [rr] d. [r] e. [rr] f. [r] g. [rr]

4 a. wie im Deutschen b. wie im Deutschen c. wie im Deutschen d. [lja] e. wie im Deutschen f. [tscho] g. wie im Deutschen

5 a. gitarra b. chitano c. rrocho d. agua e. chirafa f. anchel

6 a. [çaragoça] b. [kaçeress] c. [murçia] d. [ekuador] e. [brassil] f. [beneçuela]

7 a. NADAL b. CONTADOR c. IGLESIA d. BELMONTE e. ESTEBAN f. INIESTA

8 a. Pérez b. Dalí c. Tomás d. Martín e. Miró f. Sánchez

9

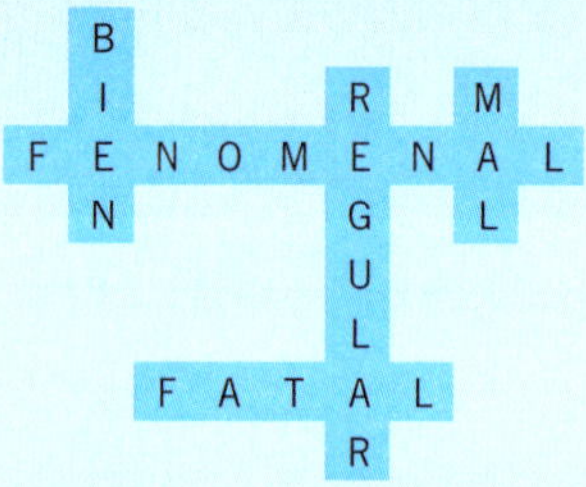

10 a. bien b. regular c. mal d. fenomenal e. fatal

11 a. buenas tardes  b. buenas noches  c. buenos días 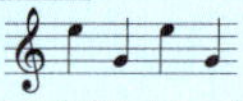

12 a. hasta pronto b. hasta la próxima c. adiós

Kapitel 2: Substantive, Artikel, Adjektive

1 a. la; del b. las; de los c. el; de d. los; de la

2 A1. Quiero café. A2. Tengo amigas. A3. Tengo pan. B1. Tengo vecinos. B2. Quiero azúcar. B3. Quiero pescado. C1. Tengo vino. C2. Tengo un niño. C3. Quiero carne.

3 a. azul b. negro c. rojo d. amarillo e. verde

4 a. La moto es naranja b. La sangre es roja. c. El tomate es verde. d. La leche es blanca. e. El coche es rosa. f. El café es marrón.

5 a. Los reyes de España son jóvenes. b. Los perros son fieles. c. Las manos son útiles. d. Los problemas son fáciles.

6 a. La leche caliente b. La vecina fea c. La hermana alegre d. El idioma difícil e. La mano grande f. El compañero bajo

7 a. El coche del deportista es grande. b. El amigo de la vecina es guapo. c. La hija del vecino es alegre. d. La moto de la mujer es marrón.

8 a. Tengo el pelo negro. b. Quiero pasta. c. La gente es triste. d. Quiero fruta verde. e. La ropa es pequeña. f. Tengo un equipaje azul.

9 a. Portugal; portugués b. Alemania; alemán c. Francia; francés; d. Argentina; argentino e. Inglaterra; inglés f. Bélgica; belga g. México; mexicano h. Estados Unidos; estadounidense

10 a. Guadalupe es mexicana. b. François y Julie son franceses. c. Hillary es estadounidense. d. Linda y Lucinda son portuguesas. e. Jules y Théo son belgas. f. Margareth es inglesa. g. Diego y Eva son argentinos. h. Angela y Frida son alemanas.

Kapitel 3: Fragen und Antworten

1 a. doce b. siete c. tres d. once e. cinco f. ocho g. dos h. nueve i. seis j. diez k. cuatro l. uno m. cero

2 a. Son las dos de la tarde b. Son las once y media de la mañana c. Son las nueve menos cinco de la mañana d. Son las diez menos cuarto de la noche e. Son las tres y cuarto de la mañana f. Son las doce y diez de la mañana

3 dieciocho, diecinueve, veinticuatro, veinticinco, veintisiete, veintiocho, treinta y tres, treinta y cuatro, treinta y cinco

4

	treinta y ocho	treinta y seis	
treinta y dos			veintiséis
	veintiocho	treinta	
	catorce		cuarenta

5 a. entre b. menos c. por d. más

6 a. ¿Qué edad tienes? b. Tengo cincuenta y cuatro años. c. ¿Cuántos años tenéis? d. Tenemos doce años.

7 a. ¿Qué edad tiene usted? b. Tengo veintinueve años. c. ¿Cuántos años tienen ustedes? d. Tenemos setenta y siete años.

8 a. j.cordoba@gmail.com b. cordoba57.j@telefonica.es

9 a. nueve cincuenta veintitrés cincuenta y seis setenta y siete b. seis ochenta y tres treinta y uno cuarenta y cuatro diez c. nueve cero dos ochenta y cinco cincuenta y nueve noventa

10 a. ¿Cómo te llamas? b. Me llamo Gloria. c. ¿Cómo os llamáis? d. Nos llamamos Isabel y Fernando. e. ¿Cómo se llama usted? f. Me llamo Belén Pellicer. g. ¿Cómo se llaman tus perros? h. Mis perros se llaman Loco y Atila.

11 a. ¿Cuál es tu nombre? b. ¿Cuál es tu apellido? c. ¿Cuál es tu dirección de correo? d. ¿Cuál es tu número de teléfono?

12 a. ¿De dónde eres? Soy andaluz. Soy de Sevilla. b. ¿Es usted catalana? Sí, soy catalana. Soy de Barcelona. c. ¿Es usted gallega? No, no soy gallega. Soy de Mérida, soy extremeña. d. ¿De dónde eres? Soy vasco. Soy de Bilbao.

13 a. ¿Sois navarros? Sí, somos navarros. Somos de Pamplona.

14 a. ¿De dónde sois? Somos valencianas. Somos de Valencia.

Kapitel 4: Eine Person vorstellen

1 **a.** ¡Soy yo! **b.** ¡Somos nosotras! **c.** ¿Sois vosotros/ vosotras? **d.** ¿Eres tú? **e.** ¿Es usted? **f.** ¡Son ellos!

2 Hola, soy Manolito. Él es mi padre, se llama Manuel, y ella es mi madre, Isabel. Ellas son mis dos hermanas, Adriana y Ángeles. Y él es mi hermano pequeño, Gerardo.

3

	M	C	A	S	T	A	Ñ	O
	O					O		
O	R	E	J	A		J		
P	E	L	I	R	R	O	J	O
	N			U			P	
	O			B			E	
	N	A	R	I	Z		L	
	B	I	G	O	T	E	O	

4 - ¿Cuántas hermanas tiene Manolito?
- Manolito tiene dos hermanas.

5 **a.** moreno **b.** rubia **c.** fuerte y bajo **d.** alta y delgada **e.** gafas **f.** ojos azules **g.** bigote **h.** pelo largo

6 **a.** ¿En qué trabajáis? Somos panaderos. **b.** ¿Cuál es tu profesión? Soy carnicero.

7 **a.** ¿Cuál es su profesión? Somos pintoras. **b.** ¿A qué se dedica usted? Soy cantante.

8 **a.** ¿Dónde vive usted, Carmen? **b.** ¿Cuál es su dirección?

9 **a.** ¿Vivís en México? **b.** No, vivimos en Francia, en París.

10 **a.** ¿En qué número de la calle Almagro vives? **b.** Vivo en el veinticinco.

11 **a.** ¿Qué idiomas habla usted? **b.** ¿Qué tal lee usted el inglés? **c.** ¿Qué tal escribe usted el francés?

12 **a.** ¿Qué idiomas habláis? **b.** ¿Qué tal leéis el inglés? **c.** ¿Qué tal escribís el francés?

13 **a.** Hablo fatal el inglés, pero lo leo muy bien. **b.** Hablo regular el ruso, y lo escribo muy mal. **c.** Hablo mal el portugués, pero lo escribo bien y lo leo fenomenal.

Kapitel 5: Vorlieben, Charakterzüge, Stimmungen

1 **a.** A Pablo le encantan las manzanas y le gustan los plátanos, pero no le gusta el melón y le horroriza la piña. **b.** A mis hijos les encanta el limón y les gusta el mango, pero no les gustan las cerezas y les horrorizan las ciruelas. **c.** A mí me encanta la sandía y me gustan los melocotones, pero no me gusta la uva y me horrorizan las avellanas. **d.** A nosotros nos encantan las peras y nos gustan los kiwis, pero no nos gusta el coco y nos horrorizan las fresas. **e.** A ti te encantan las naranjas y te gustan las almendras, pero no te gustan los albaricoques y te horrorizan los aguacates.

2 **a.** ¿Le gusta el vino? **b.** ¿Le gustan los perros? **c.** Le encanta el café. **d.** Le horroriza el azúcar.

3 **a.** ¿Os gusta el pan? **b.** ¿Os gustan mis gafas? **c.** No os gustan mis padres. **d.** Os encanta leer.

4 **a.** dan miedo **b.** dan asco **c.** dan pena **d.** da gusto **e.** da vergüenza **f.** da pereza

5 **a.** Ich habe Angst vor großen Hunden. **b.** Ekelst du dich nicht vor Kakerlaken? **c.** Die Zootiere tun ihm leid. **d.** Es gefällt uns Freunde zu haben. **e.** Schämt ihr euch nicht, lange Haare zu haben? **f.** Sie haben keine Lust arbeiten zu gehen.

6 **a.** es lista **b.** es mala **c.** es divertido **d.** es valiente **e.** es trabajador

7 **a.** furioso **b.** enfermo **c.** pensativo **d.** preocupado **e.** cansado **f.** sorprendido **g.** decepcionado **h.** contento **i.** enamorado

8 **a.** Estamos preocupadas. **b.** Estás furioso. **c.** Están pensativos. **d.** ¿Está usted decepcionado? **e.** ¿Estáis sorprendidas?

9 **a.** ¿Estás contento? No, estoy enamorado. **b.** ¿Estáis enfermos? No, estamos cansados.

Kapitel 6: Handlungsverben (1)

1 **a.** ¿A qué hora te despiertas por la mañana? **b.** Me despierto a las ocho menos cuarto. **c.** ¿A qué hora se acuesta usted por la noche? **d.** Me acuesto a las doce y media.

2 **a.** ¿Cuántas horas duermes? **b.** ¿A qué hora te duermes?

3 **a.** Nos despertamos a las siete y cuarto. **b.** Desayuno a las ocho. **c.** Comes a las dos menos cuarto. **d.** Cenan a las diez y media. **e.** Se acuesta a las doce menos cuarto. **f.** Os dormís a las doce de la noche.

4 **a.** ¿Adónde vas? **b.** Voy a la fábrica. **c.** ¿A qué hora sales de casa? **d.** Salgo de casa a las ocho. **e.** ¿A qué hora vuelves a casa? **f.** Vuelvo a casa a las siete.

5 **a.** ¿Adónde va usted? **b.** Voy a la oficina. **c.** ¿A qué hora sale usted de casa? **d.** Salgo de casa a las nueve. **e.** ¿A qué hora vuelve usted a casa? **f.** Vuelvo a casa a las seis.

6 **a.** ¿Adónde vais? **b.** Vamos al instituto. **c.** ¿A qué hora salís de casa? **d.** Salimos de casa a las diez. **e.** ¿A qué hora volvéis a casa? **f.** Volvemos a casa a las cinco.

7 **a.** ¿Quién soy? **b.** ¿De dónde vengo? **c.** ¿Adónde voy?

8 **a.** ¿Quiénes somos? **b.** ¿De dónde venimos? **c.** ¿Adónde vamos?

9 **a.** al carnicero. **b.** mi trabajo. **c.** a un escritor español. **d.** mi número de teléfono.

10 **a.** Les doy café. **b.** La veo. **c.** Me lo da. **d.** Le doy mi perro.

11 **a.** ¿Qué están haciendo? **b.** ¿Me estás hablando? **c.** Se está durmiendo. **d.** Me estoy despertando.

12 **a.** Los obreros no están trabajando. Están durmiendo. **b.** El alumno no está leyendo. Está escribiendo. **c.** Yo no estoy desayunando. Estoy comiendo.

Kapitel 7: Handlungsverben (2)

1 **a.** Solemos leer libros en español. **b.** Suelen ir al cine. **c.** Suelo hacer deporte por la tarde. **d.** No sueles jugar al balonmano.

2 **a.** Mis amigos nunca nadan por la mañana. **b.** Mis amigos no nadan nunca por la mañana. **c.** Yo nunca juego al baloncesto por la tarde. **d.** Yo no juego nunca al baloncesto por la tarde.

3 **a.** Los lunes, Alicia corre. **b.** Los sábados, Pedro y Alba escuchan música. **c.** Los miércoles, Pedro ve una película. **d.** Los domingos, Alicia y Alba juegan al fútbol.

4 **a.** a menudo / pocas veces **b.** a menudo / de vez en cuando **c.** de vez en cuando / pocas veces

5 **a.** Le pregunto cuál es su dirección / si le gusta la película / dónde vive / el color de sus ojos. **b.** Le pido la mano de su hija / azúcar / cuarenta euros / pan y vino.

6 **a.** sirve **b.** repites **c.** mide **d.** vestimos

7 elijo / eliges / elige / elegimos / elegís / eligen

8 sigo / sigues / sigue / seguimos / seguís / siguen

9 **a.** sigue **b.** Eliges **c.** elijo **d.** ¡Seguimos!

10 **a.** ¿Sigues viendo la película? **b.** ¿Seguís escuchando música? **c.** Seguimos trabajando en Madrid. **d.** Sigo corriendo por la tarde.

11 **a.** Ya no tengo amigos. **b.** Ya no le gusta nadar. **c.** Ya no dormimos por la tarde. **d.** Ya no comen carne.

12 **a.** ¿Sigue lloviendo? **b.** No, ya no llueve. **c.** ¿Sigue nevando? **d.** No, ya no nieva. **e.** ¿Sigue haciendo calor? **f.** No, ya no hace calor. **g.** ¿Sigue haciendo frío? **h.** No, ya no hace frío.

Kapitel 8: Ortsangaben und Besitzverhältnisse

1 **a.** son **b.** son **c.** están **d.** está en **e.** somos / estamos **f.** eres / estás en

2 **a.** del **b.** a **c.** a **d.** al **e.** en **f.** del **g.** al **h.** de **i.** al

3 **1.** cocina **2.** buhardilla **3.** dormitorio **4.** salón **5.** cuarto de baño **6.** comedor

4

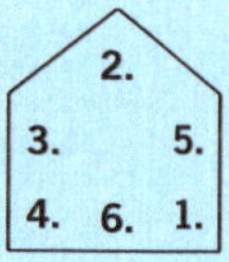

5 **a.** El comedor está en la planta baja, en medio. **b.** El salón está en la planta baja, a la iziquierda. **c.** La cocina está en la planta baja, a la derecha. **d.** El dormitorio está en la primera planta, a la izquierda. **e.** El cuarto de baño está en la primera planta, a la derecha. **f.** La buhardilla está en la segunda planta.

6 **a.** El gato está detrás de la puerta. **b.** El gato está delante del espejo. **c.** El gato está debajo del sillón. **d.** El gato está al lado de la ventana. **e.** El gato está entre la cama y la silla. **f.** El gato está dentro del frigorífico. **g.** El gato está fuera de la casa. **h.** El gato está encima de la mesa.

7 **a.** Quiero estas ardillas, aquí. **b.** Quiero ese conejo, ahí. **c.** Quiero aquella cotorra, allí.

8 **a.** Quiero esta cotorra, aquí. **b.** Quiero esos gatos, ahí. **c.** Quiero aquellas ardillas, allí.

9 **a.** ¿De quién es este pez rojo, aquí? **b.** ¿De quién son esas tortugas, ahí? **c.** ¿De quién es aquel papagayo, allí?

10 **a.** Es nuestro. **b.** Son suyas. **c.** Es tuyo.

Kapitel 9 : Vergleiche, Datums-, Größen- und Mengenangaben

1 **a.** 646 **b.** 502 **c.** 973 **d.** 890 **e.** 712

2 **a.** Tengo trescientas cincuenta amigas en Facebook. **b.** Tiene ciento veintidós años. **c.** Leo doscientas treinta novelas en un año. **d.** Tienen cuatrocientas sesenta y cinco fotos de su hija.

3 **a.** Brasil tiene doscientos cinco millones seiscientos treinta y ocho mil habitantes. **b.** Indonesia tiene doscientos cincuenta y ocho millones setecientos cinco mil habitantes. **c.** Estados Unidos tiene trescientos veinticuatro millones setecientos cincuenta y siete mil habitantes. **d.** India tiene mil trescientos treinta millones setecientos ochenta y tres mil habitantes. **e.** China tiene mil trescientos setenta y cuatro millones novecientos mil habitantes. **f.** La Tierra tiene siete mil cuatrocientos treinta y dos millones seiscientos sesenta y tres mil habitantes.

4 **a.** El jugador de baloncesto mide dos metros trece. **b.** Un bebé elefante pesa ciento veinte kilos. **c.** La distancia entre la Tierra y la Luna son trescientos ochenta y cuatro mil kilómetros. **d.** Francia tiene una superficie de seiscientos cuarenta y tres mil ochocientos kilómetros cuadrados.

5 **a.** Dos litros de vino. **b.** Tres cuartos de kilo de carne. **c.** Un kilo y medio de pan. **d.** Seiscientos gramos de naranjas. **e.** Medio litro de leche.

6 **a.** ¿Cuánto cuesta este coche? **b.** Cuesta ciento noventa mil euros. **c.** ¿Cuánto cuesta esta manzana? **d.** Cuesta veinticinco céntimos. **e.** ¿Cuánto cuestan estas gafas? **f.** Cuestan ochenta y cinco euros y cincuenta céntimos (ochenta y cinco con cincuenta).

7 **a.** El otoño **b.** diciembre **c.** junio **d.** La primavera

8 **a.** ¿Qué día es? **b.** Hoy es veinticuatro de febrero. **c.** ¿A qué día estamos? **d.** Estamos a trece de noviembre. **e.** ¿Qué día es? **f.** Hoy es quince de agosto. **g.** ¿A qué día estamos? **h.** Estamos a veintinueve de enero.

9 **a.** doce de octubre de mil cuatrocientos noventa y dos **b.** catorce de julio de mil setecientos ochenta y nueve **c.** ocho de mayo de mil novecientos cuarenta y cinco

10 **a.** ~~cerca~~ **b.** ~~cara~~ **c.** ~~lejos~~ **d.** ~~ligero~~ **e.** ~~pesada~~ **f.** ~~barato~~

11 **a.** tanto **b.** tan **c.** tantos **d.** tanta **e.** tantas

Kapitel 10 : Ausdrücken von Kenntnissen, Gefühlen und Gedanken

1 **a.** No sé quién es. **b.** No sabe quién eres. **c.** ¿Sabe usted quién soy? **d.** ¿Sabéis quiénes son? **e.** ¿Sabes quiénes somos?

2 **a.** No lo conozco. **b.** No te conoce. **c.** ¿Me conoce usted? **d.** ¿Los conocéis? **e.** ¿Nos conoces?

3 **a.** Parece muy listo. **b.** Parecéis tontos. **c.** Parecen cansadas. **d.** Pareces sorprendida. **e.** Parecemos buenos.

4 **a.** Nos parecemos. **b.** Se parecen. **c.** Os parecéis.

5 **a.** Me parezco a mis padres. **b.** No me parezco a Javier. **c.** No te pareces a mis padres. **d.** Te pareces a Javier. **e.** Se parece a mis padres. **f.** No se parece a Javier.

6 **a.** Conduces **b.** conduzco **c.** Conducís **d.** conducimos

7 **a.** Oyes a los cantantes. **b.** Du hörst die Sänger. **c.** Oigo el teléfono. **d.** Ich höre das Telefon. **e.** Oímos la música. **f.** Wir hören die Musik.

8 **a.** Oléis a vino. **b.** Huele usted a perro. **c.** Huelo a café. **d.** Esta sopa sabe a ajo. **e.** Estas fresas no saben a fresa.

9 **a.** Tengo mucho frío. **b.** Tengo mucho calor. **c.** Tengo mucha hambre. **d.** Tengo mucha sed. **e.** Tengo mucho sueño.

10 **a.** Tengo muchas ganas de comer. **b.** Tengo muchas ganas de beber. **c.** Tengo muchas ganas de dormir.

11 **Pedro** – ¿Qué piensas de las corridas? **Gloria** – Estoy en contra. ¿Y tú? **Pedro** – Estoy a favor. Me parece que los matadores son valientes. **Gloria** – No estoy de acuerdo contigo: ¡creo que son cobardes!

12 **a.** A mí también. **b.** A mí no. **c.** A mí tampoco. **d.** A mí sí. **e.** Yo también. **f.** Yo no. **g.** Yo tampoco. **h.** Yo sí.

Kapitel 11: Satztypen – Fragen, Aussagen, Negation und Ausrufe

1 **a.** ¿Cuántas horas dormís al día? **b.** ¿Qué sueles desayunar? **c.** ¿Cuál es tu fruta preferida? **d.** ¿Con quién sales los sábados? **e.** ¿Cuándo os gusta ir a España?

2 **a.** No saben de dónde somos. **b.** Me pregunto cómo está. **c.** Sé quiénes son sus amigos. **d.** Se pregunta cuánto cuesta. **e.** No veo cuándo voy a poder ir a España.

3 **a.** por qué ; por qué; Porque **b.** por qué; por qué; porque

4 **a.** ¡Por supuesto que no! **b.** ¡En absoluto! **c.** ¡De ninguna manera!

5 **a.** Hoy tampoco va a llover. **b.** Hoy no va a llover tampoco. **c.** Aquí nunca hace frío. **d.** Aquí no hace nunca frío.

6 **a.** nada. / Ich weiß nichts. **b.** Nadie / Niemand isst im Badezimmer zu Abend. **c.** nada. / Ich will nichts. **d.** Nadie / Niemand glaubt mir. **e.** nadie. / Er hört auf niemanden. **f.** nada / Ich bin überhaupt nicht zufrieden. **g.** nada. / Es regnet überhaupt nicht. **h.** Nadie / Niemand hört mir zu.

7 **a.** algo / Sagst du etwas? **b.** alguien / Mag jemand diesen Film? **c.** algo / Wirst du etwas essen? **d.** algo / Siehst du etwas? **e.** alguien. / Ich gehe mit jemandem aus. **f.** Alguien / Hat jemand Durst? **g.** Alguien / Ist jemand nicht einverstanden? **h.** algo / Es regnet etwas.

8 **a.** ¿A ninguna de vosotras le gustan los grandes almacenes? **b.** ¿No le gustan los grandes almacenes a ninguna de vosotras? **c.** No, ninguno me gusta. **d.** No, no me gusta ninguno.

9 **a.** ¿Hay alguna carnicería en esta calle? **b.** No, no hay ninguna. **c.** ¿Hay algún supermercado por aquí? **d.** No, no hay ninguno.

10 **a.** A ninguna de mis hijas le horroriza una zapatería. **b.** Algunos grandes almacenes son tristes. **c.** Algunas pescaderías huelen mal. **d.** No hay ningún mercado cerca de casa. **e.** ¿Conoce algún centro comercial cerca de aquí? **f.** ¿Sabes la dirección de alguna buena frutería?

11 **a.** ¡Qué falda más corta! **b.** ¡.Qué vestido más largo! **c.** ¡Qué pantalón más estrecho! **d.** ¡Qué camiseta más ancha!

12 **a.** Cuánto **b.** Qué **c.** Cuántos **d.** Qué **e.** Cómo

13 **a.** ¡Qué bien me quedan estos zapatos! **b.** ¡Cuánto gastas en vaqueros! **c.** ¡Cuántas deportivas tiene mi hermano! **d.** ¡Qué chándal más feo tiene Juan! **e.** ¡Cómo me gusta tu cazadora!

Kapitel 12: Glückwünsche, Wünsche, Anliegen und Ratschläge ausdrücken

1 **a.** ¡Salud! **b.** ¡Buen viaje! **c.** ¡Feliz Navidad! **d.** ¡Feliz cumpleaños! **e.** ¡Buen provecho! **f.** ¡Feliz año!

2 **a.** Te deseo mucha suerte. **b.** Te deseamos muchas felicidades.

3 **a.** Te doy mi enhorabuena. **b.** Le damos la bienvenida.

4

escribir	leer	hablar
escriba	lea	hable
escribas		hables
escriba	lea	hable
escribamos	leamos	
	leáis	habléis
escriban	lean	hablen

5 **a.** ~~llamamos~~ **b.** ~~corres~~ **c.** ~~escuchas~~ **d.** ~~gastáis~~ **e.** ~~creen~~ **f.** ~~subimos~~ **g.** ~~vivís~~

6 **a.** No creo que sigan viviendo en Madrid. **b.** No pienso que mida más de dos metros. **c.** No me parece que tengáis hambre.

7 **a.** Me da miedo que conduzcas una moto. **b.** A tu padre no le gusta que salgas con esa chica. **c.** Me da asco que comas con las manos. **d.** Me da vergüenza que mi abuelo vista vaqueros. **e.** Nos da gusto que vengan. **f.** Me da pena que mi abuela no me oiga.

8 **a.** traduzco **b.** eliges **c.** dices **d.** traduzca **e.** elijas **f.** digas

9 **a.** Ich sage ihm, dass er viel schläft. **b.** Ich fordere ihn auf, viel zu schlafen. **c.** Meine Frau sagt mir, dass ich um sechs Uhr aufwache. **d.** Meine Frau fordert mich auf, um sechs Uhr aufzuwachen.

10 **a.** visites Francia. **b.** vayas a Grecia. **c.** veas Italia. **d.** estéis unos días en Alemania. **e.** viváis un año en Portugal. **f.** conozcáis Inglaterra.

11 **a.** sepan **b.** sé **c.** seamos **d.** somos

Kapitel 13: Anordnungen, Befehle und Verbote

1 **a**. ¡A cenar! **b**. ¡A jugar! **c**. ¡A dormir! **d**. ¡A trabajar!

2

	leer	subir	jugar
desayuna		sube	
desayunad	leed		jugad

	conducir	oír	
vuelve	conduce		elige
volved		oíd	elegid

3 **a**. Lee **b**. desayunad **c**. jugad **d**. conduce **e**. Sube **f**. volved **g**. Elige **h**. oíd

4 **a**. ¡Sal con tus amigos! **b**. ¡Id a visitar el Prado! **c**. ¡Haz tu cama! **d**. ¡Poned las sillas en el salón! **e**. ¡Ven a casa a cenar! **f**. ¡Sed buenos! **g**. ¡Ten siempre café en casa! **h**. ¡Decid lo que pensáis!

5 **a**. Recoge los platos. **b**. Lava las cucharas. **c**. Pon el mantel. **d**. Ten la servilleta.

6 **a**. Recógelos. **b**. Lávalas. **c**. Ponlo. **d**. Tenla.

7 **a**. Pásame los cubiertos. **b**. Pásamelos. **c**. Pásale el cuchillo. **d**. Pásaselo. **e**. Pásanos los vasos. **f**. Pásanoslos. **g**. Pásales el tenedor. **h**. Pásaselo.

8 **a**. ¡Dormíos! **b**. ¡Despertaos! **c**. ¡Acostaos!

9 **a**. ¡Despertémonos! **b**. ¡Pongamos la mesa! **c**. ¡Cenemos! **d**. ¡Acostémonos!

10 **a**. ¡No duermas! **b**. ¡No cantéis! **c**. ¡No hagas tu trabajo! **d**. ¡No vayas a esa fiesta!

11 **a**. ¡Venga a verme! **b**. ¡Dime! **c**. ¡Sean buenos! **d**. ¡Aprended español!

12 1/E 2/G 3/F 4/D 5/A 6/H 7/C 8/B

13 **a**. Pela **b**. Corta **c**. Fríe **d**. Escúrrelas **e**. Bate **f**. Sala **g**. Añade **h**. Cubre **i**. Echa **j**. Mueve **k**. Cuaja **l**. Dale la vuelta **m**. Sirve **n**. Degusta

14 **a**. Pele **b**. Corte **c**. Fría **d**. Escúrralas **e**. Bata **f**. Sale **g**. Añada **h**. Cubra **i**. Eche **j**. Mueva **k**. Cuaje **l**. Dele la vuelta **m**. Sirva **n**. Deguste

Kapitel 14: Vergangenheit (1)

1 pensar, pensabas, pensábamos, pensabais, pensaban / leer, leía, leía, leíamos, leíais / moverse, me movía, te movías, se movía, nos movíamos / me acostaba, te acostabas, se acostaba, nos acostábamos, os acostabais, se acostaban

2 querías / era / Escribíamos / carta / bolígrafo / íbamos / comprábamos / sobre / sello / echábamos / buzón / mandas / móvil / Dejamos / papel / encantan / pantallas / daba / recibía / postal

3 ~~corremos~~ / ~~laváis~~ / ~~penséis~~ / ~~volvemos~~ / ~~descubrís~~ / ~~corre~~ / ~~piensas~~

4 **a**. salgo **b**. salí **c**. te acostaste **d**. me acuesto **e**. jugó **f**. juega **g**. recogen **h**. recogieron

5 **a**. descubrió **b**. Sabía / era **c**. pensó / estaba **d**. llamó

6 **a**. ¿Has salido esta mañana? **b**. Hemos ido a España. **c**. He venido a verte. **d**. ¿Quién ha pedido pescado?

7 **a**. He dormido demasiado. **b**. Habéis trabajado mucho. **c**. Has bebido bastante. **d**. Han gastado poco.

8 **a**. ha visto **b**. he cubierto **c**. han puesto **d**. Habéis escrito **e**. ha dicho **f**. Has vuelto **g**. Hemos hecho

Kapitel 15: Vergangenheit (2)

1

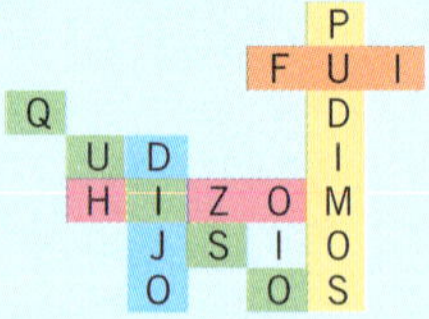

2 **a**. fui (ser oder ir) **b**. hizo (hacer) **c**. dijo (decir) **d**. pudimos (poder) **e**. quiso (querer)

3 **a**. fui **b**. dijo **c**. pudimos **d**. hizo **e**. quiso

4 **a**. estuve **b**. Fueron **c**. fui **d**. Estuvimos

5 **a**. Ayer puse la mesa. **b**. Colón nunca supo que estaba en América. **c**. Mis abuelos tuvieron cuatro hijos. **d**. ¿Por qué no vinisteis por mi cumpleaños?

6 **a**. ¿Por qué me mentiste? **b**. Siempre preferí el Sur al Norte. **c**. Cristóbal Colón murió en 1506. **d**. Seguimos este coche durante una hora. **e**. ¿Cuándo elegisteis a vuestro presidente? **f**. Algunos amigos míos prefirieron no votar.

7 **a**. ¿Durmió usted bien anoche, señor? **b**. ¿Te sirvió este libro? **c**. ¿Qué ropa vestiste ayer? **d**. No me pidieron dinero.

8 **a**. Ich habe mir Zutritt zum Haus verschafft. **b**. Er hat nichts produziert. **c**. Ihr habt diesen Roman übersetzt. **d**. Ihr fahrt zu schnell.

9 **a**. leí **b**. leíste / escribí **c**. oyó **d**. oí **e**. dieron **f**. dio

10 **a**. ha robado **b**. volvía / chocó **c**. cayó **d**. insistió / se despidió **e**. me di cuenta / tenía **f**. Era / llevaba / decía

Kapitel 16 : Futur und Konditional

1 **a**. Este año haremos deporte. **b**. Correré una hora por día. **c**. Perderéis peso. **d**. No beberás alcohol. **e**. No se acostarán tan tarde. **f**. Mi vida será diferente.

2 **a**. ¿Vas a venir a verme un día? **b**. Nunca se va a poner esa camisa. **c**. No vais a decir nada, ¿de acuerdo? **d**. No va a querer contártelo. **e**. ¿Va a coger usted el tren de las cuatro? **f**. Vamos a ver si es posible.

3 **a**. Mañana la escribiré. **b**. El año que viene las sabremos. **c**. Volverán dentro de dos semanas. **d**. Pasado mañana lo veré. **e**. Pronto se lo diremos. **f**. El lunes próximo saldrá. **g**. El verano próximo los tendré.

4 **a**. Cuando tengas ganas, dímelo. **b**. No sé a qué hora saldré. **c**. Haz lo que quieras. **d**. Cuando lo veas, pregúntale. **e**. Me pregunto cuándo vendrá. **f**. Haré lo que digas.

5 **a**. Cuando te despiertes, llámame. **b**. Cuando estén en casa, dímelo. **c**. ¿Sabes a qué hora cenaremos? **d**. Cenaremos cuando podamos.

6 **a**. Cuando lo conozca bien, podré hablarte de él. **b**. Cuando haga buen tiempo, saldremos a pasear. **c**. Cuando tenga tiempo, leeré más libros. **d**. Cuando vayáis a España, hablaréis mejor español.

7 **a**. Pensaba que estaría contento de verte. **b**. ¿Creías que no me diría nada? **c**. Me preguntaba si comerías con nosotros. **d**. Me decía que siempre sería el bienvenido. **e**. Sabía que llovería.

8 **a**. Pienso que estará contento de verte. **b**. ¿Crees que no me dirá nada? **c**. Me pregunto si comerás con nosotros. **d**. Me dice que siempre seré el bienvenido. **e**. Sé que lloverá.

9 **a**. Si me quieres, lo harás. **b**. Si me quisieras, lo harías. **c**. Si lo haces, estaré contenta. **d**. Si lo hicieras, estaría contenta. **e**. Si nieva, iremos a Sierra Nevada. **f**. Si nevara, iríamos a Sierra Nevada. **g**. Si vamos a Sierra Nevada, veremos también Granada. **h**. Si fuéramos a Sierra Nevada, veríamos también Granada.

10 **a**. Si me tocara la lotería, no sabría qué hacer con el dinero. **b**. Si tuviera millones, la gente vendría a pedirme. **c**. Si fuera rico, ¿sería más feliz?

11 **a**. Si me hubieras querido, lo habrías hecho. **b**. Si lo hubiera visto, te lo habría dicho. **c**. Si le hubiéramos escrito, se habría puesto contento. **d**. Si hubierais hecho deporte, habríais perdido peso.

12 **a**. Si Colón no hubiera sido buen marinero, no habría descubierto América. **b**. Si hubieras salido antes de casa, no habrías perdido el tren. **c**. Si hubierais sido prudentes, no habríais tenido un accidente. **d**. Si me hubiera tocado la lotería, no habría vuelto al trabajo.

Bildnachweis
Umschlag: MédiaSabarcane
Textteil: Shutterstock : 32 pixels : 44h, 61hd; 6gasix : 41h; A-R-T : 4h; abeadev : 72b; ADE2013 : 21h; AlbertBuchatskyy : 11 exo2-B1; Aleutie : 10h, 51d, 107b; Alex Gorka : 19h; Alexander Ryabintsev : 60mg; alexandrovskyi : 59b; alexokokok : 44b, 89h; Alfonso de Tomas : 23m ; Aliaksei_7799 : 22m; Amplion : 91h, 105b; Andres Moncayo : 5b; andriano.cz : 16 exo 10-f-drapeau; Angkrit : 46hd; Aniwhite : 3 ; Anna Kucherova : 32; Annasunny24 : 11 exo 2-C2; arbit : 11 exo 2-A1, C1, C3, 70hm; Artisticco : 12md; asantosg : 30 exo 12, 30 exo 13; ashva : 97b; AVS-Images : 18 exo 2; Axsimen : 32; Banana vector 61mg; Barmaleeva : 89h, 91m; Basil Frash : 93d, 93g; Beresnev : 12mg, 12bg; beta757 : 101b; bioraven : 11 exo 2-A3; Blueguy : 90, 110b; BoBaa22 : 33b, 111b; BOLDG : 24hg; Bplanet : 28b; Bukhavets Mikhail : 112m; Business stock : 48b; Chernoskutov Mikhail : 47h; COCOart : 14b; Comodo777 : 101h; Creatarka : 24b, 97h; Crystal Eye Studio : 75hd; Dark ink : 76d; Delices : 13 exo 4-e, 47mg, 60m, 64md, 72m; deviyanthi79 : 64hg; Dima Groshev : 9hg ; djdarkflower : 60mh; Dooder : 84b; EgudinKa : 67mg; ElkhatiebVector : 104b; Ellagrin : 100b; Ellegant : 9b; Eloku : 17b; eveleen : 26 ; Evellean : 17h; feelplus : 22b, 23g, 23d; FielDGood : 103m; forden : 27b; Fotinia : 88h; Fred Ho : 43 exo 12-hd, 45b, 67bg, 67m, 86m; GoodVector : 75md, 75b; graphicsdunia4you : 89b; grmarc : 13b, 89h, 108h; grynold : 67hg; gst : 13 exo 4-d, 60mb, 63bd, 91b; Gurza : 53m; happymay : 13 exo 4-b, 18h; HieroGraphic : 13 exo 4-f; Huza : 45m; Iconic Bestiary : 19b; imnoom : 61md; Incomible : 11 exo 2-B3, 30bg, 30 bd, 46mg, 59hd, 74m, 74b, 79h; Inni : 104hd; Irina Strelnikova : 104mg; Iriskana : 104md; Iurii Augulis : 21m; Jaaak : 49h; jabkitticha : 36m, 36b; jesadaphorn : 7, 36h, 39h, 39m, 46hm, 52m, 52md, 59hg, 59mg, 59md, 69h, 70b, 74h, 84h, 110h; Jiri Perina : 79b; Julia Tim : 10b, 21 exo 10, 41b, 46b, 56mg, 56bg, 86h; Julia-art 64hd; Julie A. Felton : 70hg; Kanate : 49md; KannaA : 85h; karawan : 113m; KissBeetle : 68h; kizkulesi : 89h; kmlmtz66 : 18b, 54b; koMinx : 81b; Laralova : 11 exo 2-B2; Lavandaart : 51g; lian_2011 : 54m, 55m; Lilanakani : 106b; Lindarks : 105h; Lindwa : 45h; liskus : 33h; Little Bride : 61m; Liudmila Dobraya : 13 exo 4-c; LolaBek : 78b; los_ojos_pardos : 108b; Loveshop : 85h; Lucky Team Studio : 57b; Lyudmyla Kharlamova : 25m; Macrovector : 8, 11 exo 2-A2, 28h, 29m, 32, 37hd; 39b, 42m, 43 exo 12-hg, mg, md, bg, bd, 49b, 56m, 56bd, 60hd, 73, 76hg, 76b, 77b, 80hg, 87, 98h, 106h, 113hd; majivecka : 100h; manop : 37hg; Maquiladora : 56md, 57hd, 57g; mari.nl : 92; Maria Starus : 37b; Marish : 47md, 47b, 94h; mart : 11h, 60bg; Marza : 33m, 34h; Mascha Tace : 70hd; MatiasDelCarmine : 69b; Max Griboedov : 110m, 111h; Meilun : 31b, 61bg; melissa held : 94b; Merfin : 28 exo 6-a; MG5919 : 16 exo 10-b-drapeau; mhatzapa : 12hd; Miceking : 85h; Michele Paccione : 4b; Millena : 55 bm; milo827 : 22h ; mirrra3 : 113b; Miuky : 55md; moonkin : 68md; MSSA : 40m, 56bm; MuchMania :67mg; Mushakesa : 32; mything : 32; nasrin waesalaeh : 16 exo 10-d-drapeau; Natalia Toropova : 50g; NGvozdeva : 6b, 42h, 83g, 112md; Nikita Chisnikov : 63bd; nikiteev_konstantin : 62hd; NokHoOkNoi : 55bd; Noppasin : 24hd; NotionPic : 28 exo 7-a, 29b, 98b; Nowik Sylwia : 25b; Nychytalyuk : 55bg; oculo : 24hm; Olga1818 : 16 exo 10-a, b, c, d, e, f, g, h, 27h, 80hm, 80hd, 80m, 80b, 102h, 102m; olillia : 40b; openeyed : 49mg; Orfeev : 20; Orgus88 : 101m; OSIPOVEV : 104m; Osiv : 55 hg; Oxy_gen : 13 exo 4-a; palasha : 46md; Pan JJ : 64b; patpat : 65b; Paul Stringer : 16 exo 10-g-drapeau; Petrovic Igor : 67md; phatymak›s studio : 52hg, 52hd; phipatbig : 86b; phloxii : 14m; Photoroyalty : 83hd; Piotr Przyluski : 16 exo 10a-drapeau; pluie_r : 68bm; PODIS : 60hg; Pretty Vectors : 112b, 81h, 96m; Pro_Vector : 48m; red rose : 78h; Reljic Aleksandra : 52bg; Rimma Rii : 68b; Romashechka : 48h; Rvector : 85h; Saiana : 14h; sayhmog : 88b; Sbitneva Nina : 62h; schab : 12 bd; Sentavio : 5h, 13hd, 31h; She : 77g; sir_Enity : 15b, 82hd; SkyPics Studio : 71; Slipchenko Nina : 85h; Smart Design 85b; snegok13 : 58; Spreadthesign : 34m, 62hg, 62md; SS Stock Studio 9999 : 16 exo 10-c-drapeau; stefanolunardi : 60b; Stella Levi : 43h; SThom : 15h, 67bd, 85h; Stmool : 35h; Stocklifemax : 103b; Stocklifemax : 55hm, 65hd, 96h; Studio_G : 44m; Tomacco : 6h, 93m; Tomnamon : 70m; Top Vector Studio : 81m; Treetops Interactive : 57md; vasabii : 65hg; Vector Bakery : 102b; venimo : 103h; Vetreno : 96b; Visual Generation : 32b, 46 mm, 66, 82hg, 82b, 109b; Vlada Young : 26; Voin_Sveta : 12hg; Waehasman Waedarase : 16 exo 10-e-drapeau; warawiri : 112mg; WWWoronin : 9hd; Yoko Design : 54hd, 55hd; Yuzach : 50h; Zakharchenko Anna : 56hd, 56g; Zentangle : 107h, 109h, 109m; Zubada : 53hg, 53hd, 53bg, 53bd. Fotolia : eyewave : 50d DR : 16 exo 10-e, 28 exo 6-b, 28 exo 67-b, 29hg, 29hd; 34b, 35b, 38, 40h

Bravo! Sie haben das Ende dieses Übungshefts erreicht! Summieren Sie nun aus allen Kapiteln die Anzahl der Smileys pro Smiley-Typ, und tragen Sie diese Zahlen in die untenstehende Übersicht ein. Addieren Sie dann die Gesamtzahl für jeden der drei Smiley-Typen.

1. Aussprache			
2. Substantive, Artikel, Adjektive			
3. Fragen und Antworten			
4. Eine Person vorstellen			
5. Vorlieben, Charakterzüge, Stimmungen			
6. Handlungsverben (1)			
7. Handlungsverben (2)			
8. Ortsangaben und Besitzverhältnisse			
9. Vergleiche, Datums-, Größen- und Mengenangaben			
10. Ausdrücken von Kenntnissen, Gefühlen und Gedanken			
11. Satztypen - Fragen, Aussagen, Negation, Ausrufe			
12. Glückwünsche, Wünsche, Anliegen und Ratschläge ausdrücken			
13. Anordnungen, Befehle und Verbote			
14. Vergangenheit (1)			
15. Vergangenheit (2)			
16. Futur und Konditional			

Gesamtzahl (alle Kapitel) ....

Welcher Smiley hat die höchste Gesamtzahl?

¡Matrícula de honor!
Sie haben sich die wichtigsten Grundlagen des Spanischen erarbeitet und sind nun bereit für die nächste Stufe!

No está mal…
… aber Sie können sich noch verbessern. Gehen Sie noch einmal zurück zu den Übungen, die Ihnen Schwierigkeiten bereitet haben, und lesen Sie die dazugehörigen Erklärungen erneut gründlich durch.

¡Ánimo!
Ja, Spanisch kann schon ganz schön knifflig sein! Arbeiten Sie das Übungsheft erneut durch, und lesen Sie die Erklärungen noch einmal gewissenhaft. Beim nächsten Mal wird es besser klappen!

Dépot Légal août 2022
No d'édition: 4172
ISBN 978-2-7005-0891-8
www.assimil.com
Gedruckt bei Tipografia Real, Rumänien

Grafische Gestaltung: MediaSarbacane
Layout: Aurélia Monnier pour Céladon éditions
Realisierung: Céladon éditions, www.celadoneditions.com